生涯現役

在日朝鮮人—愛と闘いの物語

朴日粉
PAK IL BUN
金潤順
KIM YUN SUN
【編】

同時代社

◉◉◉——生涯現役／もくじ

まえがき

朝鮮新報の記者になって三年になる。それまで月刊「セセデ」(新しい世代)の編集や在日本朝鮮青年同盟（朝青）の機関紙「朝鮮青年」、「朝鮮少年」と、日本で生まれ育つ在日三世、四世たちを対象にした青少年向けの出版物に携わっていた。また、青年学校や土曜児童教室といった、いわば朝鮮学校外での「民族教育」事業にも関わってきた。

朝鮮新報の記者となり、若者や少年・少女・児童らを相手に働いていたときとは違う数々の出会いを経験した。なかでも「生涯現役」と題したこの企画の取材を通して知り合った女性たちの話は、胸の中に深く刻まれている。

二〇〇五年は、屈辱的な乙巳五条約（保護条約）締結から一〇〇年に当る年である。「在日」の歴史ももう一〇〇年を数える、といっても過言ではないだろう。

本書に登場するほとんどの人たちが日本の占領下で亡国の民の苦しみを味わってきた。兵庫県の李玉禮さんは、「同じ村の娘が『良い仕事がある』と連れて行かれ、その後、村に一通の手紙が届いた。そこには『言葉では言い尽くせない辱めを受け、家には帰れない、オモニの顔を二度と見ることができない』と血の涙がにじむような叫びが綴られていた」と涙ながらに語った。神奈川県の李恩僖さんも、「当時、結婚してない若い娘たちは、挺身隊に引っ張られるといって大急ぎで結婚した」と語っている。

「一世」と呼ばれる女性たちの多くは、満足な教育を受けられず、「学ぶこと」への渇望をいまも胸の内に抱いている人が少なくない。彼女たちは解放後、子どもの教育に何よりもの情熱を注ぎ、自らも「成人学校」で文字を習いはじめた。彼女たちにとってそれは、どんなに貧しい生活苦の中でも、荒地に真水がしみ込むようなみずみずしい喜びであったにちがいない。

朝鮮大学校の学生たちの前で、力強く語った李福順さん（東京都）の言葉が忘れられない。

「あなたたちが大学で学べるということはとても幸せなこと。両親に感謝なさい。隣人を愛し、同胞のために知識と力を使ってくださいね」

胸にずしりと響く言葉だった。私たちの「今日」は、この人たちの、涙と、悔しさと、怒りと、諦めと、優しさと、希望と……そんな想いの上にあるのだなぁ……とつくづく思った。

本書には、野外カメラマンとして京都・平安神宮で訪れる観光客の記念写真を撮り続けている崔吉子さんや、愛知県知立市（人口七万四〇〇〇人）の衛生事業を一手に引き受けている鄭仙玉さんなど、現役バリバリの「キャリア・ウーマン」たちも登場する。

連載中に、米軍によるアフガン空爆、そして、イラク戦争があった。過去の戦争で、乳飲み子を背負い戦禍の中を無我夢中で逃げた金善伊さん（兵庫県）や、林申出さん（大阪）は、「ホンマ、よく生きてたな。みんな真っ黒けや。空には真っ黒な煙がいっぱい広がって」と戦時体験を振り返った。

日本の朝鮮侵略が家族を引き裂き、祖国の分断が家族の再会を阻んだ。私の出会った人々は、皆、祖国統一を切に願い、朝鮮と日本との国交が一日も早く正常化されることを強く望んでいた。その状況は今、ゆっくりではあるが、少しずつ改善されつつある。

私は今、私の人生とまるで一本のあざなえる縄のようにつながっている彼女たちの「生」をしっかりと見つめ、それをより多くの方々とともに分かち合いたいと考えている。戦争と平和、マジョリティの中のマイノリティ、地域住民との交流、祖国、組織、同胞とのつながり、そして女性として温かく、輝き続けること…。自分にこれから先、どれほどのことができるかわからない。彼女たちの半分、十分の一に満たないかも知れない。しかし、少しでも魅力的でたくましい彼女たちの精神に近づきたいと思うのである。

金潤順

ハンセン病者の魂の軌跡
『生きる日、燃ゆる日』を出版

李衛（国本衛）さん

「ハンセン病違憲国賠訴訟全国原告団協議会」2000人を束ねる
事務局長李衛さん

李衛さんが暮らす国立ハンセン病療養所多磨全生園

国立ハンセン病療養所多磨全生園の鬱蒼とした森の小道を抜けて李衛(国本衛)さん(78)の住居を訪ねた。蝉時雨が、真夏に別れを告げるかのように一際、喧騒をかきたてていた。

李さんは二冊目の著書『生きる日、燃ゆる日―ハンセン病者の魂の軌跡』を刊行したばかり。その本を一読した時、圧倒され、畏れにも似た感情に襲われて、しばらく声も出せず、立つこともできなかった。

「生きるに値しない人間として生きてきた。気が遠くなる歳月。……忘れられない家族との別離の悲しみを越えて生きてきた。父の死にも会えず、母の死にも会えず、社会から排除され、社会の裏側の闇の底で、それでもわたしは生きてきた。振り返れば虚しい日々があり、死と向き合う日々があり、気が狂いそうな日々があった」。李さんはこの本の「あとがき」で半生をこう綴っている。

四歳で母と渡日

李さんは一九二六年、全羅南道光陽郡の片田舎に生まれた。四歳で母に連れられて、先に渡日していた父を頼って茨城県土浦に移住。日本での朧気な記憶はここから始まる。

「父は霞が浦航空隊基地の拡張工事を請け負った大きな土木会社の下請けをして、暮らしぶりは良かった。父を頼ってきた同胞たちの面倒もよく見て、慕われていた。同胞愛と義きょう心が強い人だった。ところが、あれだけ順調だった航空隊の仕事を突然やめて、なぜ田舎に引っ込んでしまったのか当時幼くて、分からなかった。父の死後友人たちから、日本の軍備増強に与するのを潔しとせず、あくまでも朝鮮民族として生きるという姿勢を貫いたからだと教えられた」

植民地時代の苦難の中でも、民族の誇りを失わぬ父とチマ・チョゴリがよく似合う優しい母に愛されたガキ大将の頃。父の部下たちや学校の先生にも可愛がられ、勉学に励んだ。しかし、その先に奈落の底の絶望が待っていようとは、誰も予想できぬことだった。

四一年五月。ハンセン病を発症した李さんは父に連れられて全生病院（多磨全生園の前身）に入院。一四歳。入院とは名ばかり、「囚われ人」としての過酷な人生が始まった。反抗者や逃亡者は、草津楽泉園の重監房に「投獄」され、多くの人が「獄死」「凍死」を強いられた。

病身にもかかわらず、軍隊調の規律のもとで、畑仕事や松根油精製などの強制労働に駆り出された。ハンセン病だけでなく結核その他の病死者が増え、閉ざされた所内では栄養失調や餓死者が続出する凄惨な様相であった。

李さんも例外ではない。現在もＣ型肝炎、心臓病、慢性胃炎、自律神経失調症などに苦しみ続ける。それは、「地獄の暗闇」と自ら表現する収容病棟の暮らしがもたらしたものだった。李さんは入所当時をこう振り返る。

「食事は朝、うすい味噌汁一杯で、おわんをのぞくと自分の顔が映っていた。みんな自分の顔をのぞき込んでから味噌汁を吸った。昼と夕食はじゃがいもかナスの煮たものが一品だけだった」

「朝鮮人のくせに」

四八年ハンセン病患者の断種の法制化、五三年には終身隔離を規定したらい予防法など患者の人生を蹂躙する悪法が制定されていった。死の影以上に抑圧と取り締まり、隔離政策に怯える日々。李さんの悪夢は実に戦後半世紀以上にもわたった。「医療などどうでもよかったのだ。患者が死に絶えるのを待つ身の毛もよだつ政策だった」。

そんな苦悶の日々。李さんに民族の覚醒を促したのが、五〇年も前、在日一世の同胞から手渡された一冊の本だった。書名も覚えていないが、内容は鮮明に覚えている。

「女性パルチザンの話だった。金日成将軍の指導の下で、文盲の民衆一人一人に文字を教え、やがて民族解放闘争に立ち上がる様子を描いた感動的な物語だった。私は激しい衝撃を受け、民族意識を揺さぶられた。朝鮮戦争直後には、同胞患者や日本人たちにも呼び掛けて『祖国復興支援金』の募金をした」

この体験と死ぬまで息子を案じ、民族を守り抜いた父の姿が李さんの苦難の半生を支えた。全生園で「朝鮮人のくせに」と白眼視されても、人間としての誇り高さ、民族としてのアイデンティティーを失うことはなかった。そして◯一年、ハンセン病国家賠償請求訴訟原告団の事務局長として、熊本地裁で全面勝訴の判決を勝ち取った。

その勇気と強さは、奪われた民族を取り戻そうと生涯闘い続ける李さんの強靭で柔軟な人間の精神が育んだものであろう。（朴日粉）

李衛さんが出版した『生きる日、燃ゆる日』

パソコンも自在にこなす李衛さん

「母は言葉《もの》言う
人間教科書」

姜金順さん・裵東録さん母子

元気な頃の母・姜金順さんと裵東録さん

「今、オモニは八〇歳を越えんとす／若き日に奪われし文字とり戻さんと／エンピツ持つ手ももどかしく／広告の裏紙になめくじの這うごと／たどたどしき文字書いて口ごもる／「この字何ちゅ？」と訊くオモニ尊し／……／あぁ狂おしき渇望よ／吾がオモニ／もし自由に文字書きたれば／苦難の道のり／思いの丈を百冊の本に／記すとも足らざりしと言う。

今老いしオモニ／せめて／祖国の統一の日まで／生きてと祈る」（母八二歳の折に、四男　裵東録作）

地底の声を聞く

この歌を詠んですでに一一年。元気だった母・姜金順さん（92）は、一昨年末から病に伏すことが多くなった。この六年ほど、姜さん親子は二人三脚で福岡、山口県を中心に日本の小・中・高校約一〇〇校を訪れ、子どもたちの前で、在日朝鮮人の強制連行などの受難史を約三五〇回も語り継いできた。

姜金順さんの話と「アリラン」の歌声は子どもたちの心を引きつける

その活動を三男裵東熙さんら家族が温かく見守ってきた。

一九八九年夏—。すべてはここから始まった。裵さんが大牟田市の三井三池炭坑の馬渡社宅五一棟を訪ねた時に—。

空き家の五一棟に入り、何気なく押し入れを開けた。そこで偶然見つけた「壁書き」と「墨書」。そこにはこう記されていた。

「壹心壹徳／自力飴生／中山海鳳／平生壹心／正元慶力」（心を一つにして頑張ろう、自分の力で生き抜こう、一生けんめいに頑張ればきっといいこともある。かならず故郷に帰ろう）。

二〇文字の漢詩。その切々たる望郷の思いが、裵さんの胸に衝撃をもたらした。その日から、五一棟の保存に奔走する。三井と市に掛け合うこと一五回。

重要な交渉には高齢の母も、往復四時間の道のりをかけつけた。しかし、ある日、無残にも五一棟は抜き打ちで取り壊された。

「落盤やリンチ、栄養失調などで多くの朝鮮人がここで命を奪われた。その記憶を抹殺しようと、保存すら許さない。日本は強制連行の事実を歴史の闇のなかに永遠に消し去ろうとしているのだ」。漢詩こそは彼らがこの世に生きたたった一つの証であり、命の鼓動であった。「受難の地をこの世からかき消して、アスファルトで固めて終わりという訳にはいきません。地の底から吹き出してくる同胞たちの無念さを、私は多くの人たちに知らせたいと思った」と裵さん。

さざ波のように

この運動がやがて母と息子にある転機をもたらすことに。知り合った日本の先生から、学校で強制連行の歴史を話してほしいと頼まれたのだ。それが話題を呼び、さざ波のように地域の学校に広がっていった。

学習会の後、子どもたちと一緒に記念写真
(福岡県中間西小学校、99年1月)

裵さんの話は子どもたちに大人気である。偉ぶらない。優しい人柄。何より分かりやすい。歴史も文化も政治も子どもの目線で伝える。時には、朝鮮語でじゃんけんもやり、体を動かす。緊張感とスリル。興に乗ると子どもたちは笑い転げ、涙を流すシーンも。

まず、父・鳳坤さんの話から入る。四〇年、慶尚南道から八幡製鉄所に強制連行された。二年後、夫の後を追い、姜さんが四人の子を連れて玄海灘を渡ってきた。

海が荒れて、生きた心地がしなかった。霰が甲板を叩く。船が揺れる。子どもは水をほしがる。死んでも一緒に死のうと言った母の言葉などをリアルに語っていく。子どもたちは身を乗り出して聞いている。

裵さんは製鉄所の下請け社宅で生まれた。身重の母は重い鉱石を貨車に荷積みする作業につき、家計を支えた。労賃のほとんどは強制預金に持っていかれ、結局支払われなかった。敗戦を迎えたが、朝鮮人ということで、両親とも会社を首になった。コメも買えず、帰国船の切符も買えなかった貧窮の日々。しかし、両親とも懸命に働き、五男二女をりっぱに育てあげた。

働き者の母の話に子どもたちはますます引き込まれていく。「近くの空地を耕して畑を作った。そこで作ったニンニクやサンチュ（ちしゃ）を、八幡や小倉の同胞に売り歩きながら生計を立てた。バスや汽車に乗ろうにも字が読めないから、どこまでも歩くしかなかった。文字を習いたいと母は痛切に思った」と。

そして、チマ・チョゴリ姿の母が当時を回想した後、絞り出すように「アリラン」を歌う。植民地時代の艱難辛苦を体全体で表すかのような独特な響き。子どもたちは感想をこう記す。

「私が一番泣いてしまったのは、裵さんのオモニが話してくれた時のことです。泣きながら、一生けん命に話してくれました。言葉の意味がわからなくても、心と心で分かりあえたと思いました」（北九州市立北方小学校六年生）。

「姜さんの言葉は聞き取りにくく、私には残念ながら決して良く理解できたとは言えなかった。それにもかかわらず、私には姜さんが訴えようとする内容が不思議とよく伝わった。それは姜さんの胸を焼くような悲しみが、思わず姜さんを揺り動かすような身振りの中に見られる。……私は痛いほどオモニの気持ちを感じることができた」（中間市立東小学校六年生）

〇三年一月三一日、裵さんが訪れた下関市立長成中学校一年生の学習会後、ある生徒がこう約束した。「僕が大きくなったら、世界を変える。そして、北朝鮮とも仲良くするよ」と。裵さんの表情が一瞬崩れ、目に涙があふれた。

「ひかりみえた」

チマ・チョゴリを着てうれしそうな日本の中学校の女子生徒たち

母・姜さんと裵さんの語り部としての約二〇〇〇日の旅。日本の子どもたちの前に立つ母を「言葉《もの》いう人間教科書」だと裵さんは語った。

病床にある母が子ども七人、孫・曾孫の一族六二人に望むのはただ一つ、「民族を忘れてはならない」ということ。パリで絵を学ぶ孫娘に送った年賀状にもこの言葉が刻まれていた。

植民地時代に学ぶ機会を奪われた女性たち。姜さんもその一人だった。鉄鉱石を運ぶ時、米粒を置いて、回数を覚えねばならなかった。その母が八〇代の半ばに初めて習った文字。たどたどしいが、名状し難い美しさだ。

「やみのせかいからひかりをみることができ、ねんがんのべんきょうのせかいにはいれたことがゆめのようです」「いままでいちばんうれしい」と……。

受難の世紀を生き抜いた真っ正直な瑞々しい心。国境を越え子どもたちの魂を揺さぶる原点はここにあった。（朴日粉）

編者註 姜金順さんは〇四年十一月八日、死去されました。享年九二歳。心から哀悼の意を捧げます。

兵庫県初の朝鮮学校・女性校長として奮闘

李 玉 禮 さん

「命あるかぎり1世の想いを
伝えたい」と語る

兵庫県尼崎市に住む李玉禮さん（77）は、朝鮮学校の数少ない女性校長経験者のひとりである。植民地時代は日帝統治下の朝鮮で学び、渡日後には、波乱万丈な人生を歩みつつ、民族教育に半生を捧げてきた。退職後の現在は、後世に民族文化を伝えるため、女性同盟文化サークルなどを中心に講演活動に励んでいる。

男尊女卑の壁

李さんが、園田朝鮮初級学校（現在の尼崎東朝鮮初級学校）の校長に就任したのは一九七三年のこと。幼い頃から封建的な儒教思想の影響を受けて育っただけに、当初彼女は「男性の前に立つことを恐れ」、「荷が重過ぎる」と断ったという。そんな李さんを就任初日から「男尊女卑の厚い壁」は、容赦なく打ちのめした。

「赴任先の学校へ行くと、教務主任が荷造りをしていたんです。理由は、男の校長にもできないことを女ができるか、ということなんですね」

　女校長の登用に反発し、露骨に異議を唱える者も少なくなかった。総聯支部の役員会議では「うちの県に男はいないのか」「委員長！一体どうなっているんだ？」とがなり合う始末。

　校長が「女」ということが、それほどまで気に入らないのかと尻込みしそうにもなった。しかし、故・李珍珪第一副議長の「朝鮮学校の灯を消しても良いのか」という言葉に後押しされて、李さんは教壇に向かう。

学校運営

　赴任先の初級学校の状態は、当時悲惨そのものだった。深刻な経営難もさることながら、解放後、国語講習所を集めて創設した分校は、二〇年以上土足で使ってきたため、教室や廊下は真っ黒。

　李さんはまず、学校中を水洗いし、上履きで歩くよう指導した。すると、ピカピカになった校内を見て生徒たちは喜んだ。放課後は毎日家庭訪問に出かけた。父母会では子どもたちのため、学校美化活動への参加を呼びかけた。しかし、生活苦にあえいでいた親たちからは「朝鮮学校は金がかかりすぎる」と不満の声が。

李さんは根気強く「運動場には子どもが遊ぶ砂場もなく、トイレは汲み取り式、中にはトイレが怖くて、学校が終わるまで我慢する子もいる、かわいいわが子ではないか」と説得を繰り返した。

次第に学父母たちは、学校の補修と運営資金集めに協力し始めた。当時、年間の学校運営費は数千万円。そのうち朝鮮から送られる教育援助費は、三分の一を占めていた。李さんは今でも故・韓徳銖議長作詩の「ナラエソ(国から)……」という歌を胸がつまって最後まで歌えない。

運動会の日

学校長をしていた時には、実にさまざまな出来事があった。

運動会の日に雨が降ると「女の校長はまったくついてないな」とか、「女校長は雨女」などと言われたこともある。でも、「女校長」の教育に対する熱意と責任感は周囲の者たちにも着実に伝わっていた。

ある運動会の日、前日の大雨で水浸しになった運動場が気がかりで、早々と学校に出向いた李さんは、校門をくぐると、しばらくその場に立ち尽くしてしまった。ひとりのハラボジがバケツを置き、運動場の水溜まりを熱心に雑巾で拭き取っていたのだ。

「涙が溢れてきて、しばらく動けませんでした……」と李さんは言う。涙をこらえながら李さんが手伝うと、後からやってきた生徒たちが「ソンセンニム(先生)、何してんの?」と聞きながら、運動場の水抜きを手伝った。

「大衆の力は偉大だと思いました。大衆を離れて、私たちの仕事は存在しません」。李さんは懐かしく振り返る。

講師として

婚礼衣装を着た人形

一九九六年三月、六九歳で初、中、高級学校の約四〇年間にわたる教員生活に幕を下ろした李さんは、その後も祖国のために少しでも役立ちたいとの思いから、日本の友人たちの協力も得て、朝鮮の主婦たちにマスコット人形の作り方を教え、みやげもの店に商品として置いてもらえるよう働きかけた。「万景峰92」号や、ホテル売店で見かける、ハラボジ、ハルモニ人形がそれである。

現在はその一方で、近畿地方女性同盟の文

化サークルや、東京の朝鮮大学校での講義などに講師として出向いている。

〇二年五月、五七年間離れていた故郷の地を踏み「両親のお墓の前で親不孝をわびて、人間らしく生きてきたことを報告した」。（金潤順）

朝鮮半島のパヌジル（針仕事）とポジャギ展（東京）

筑豊の「無窮花堂」建立に心血を注いだ

裵来善さん

「無窮花堂」について語る裵来善さん

福岡県飯塚市に住む裵来善さん(83)。遠賀川からほど近い飯塚霊園の一角に二〇〇〇年一二月に建立された朝鮮人無縁仏を追悼する「無窮花堂」にこの八年、心血を注いできた。

一五万人の強制連行

戦時中、朝鮮半島から筑豊の炭坑に強制連行された人々は一五万人をのぼるという。筑豊は遠賀川流域に広がる日本最大の石炭産出地。下関駅に掲げられた運賃表を見上げると「門司、小倉、戸畑、八幡、黒崎、折尾、若松」などという地名が目につく。いずれも、当時、多くの朝鮮人たちが下関上陸後、貨車に詰め込まれ、この一帯の炭坑で奴隷労働を強いられた場所である。この地域に同胞の汗と血と涙が滴らない場所はない。

裵さんは、四三年一〇月全羅南道から八幡西区の貝島大辻炭坑に強制連行された。高さ二㍍以上の壁に囲まれた八人部屋。粗末な食事で地底に潜らされ、一日一二時間も石炭を運んだ。栄養失調で倒れる者、落盤事故で命を失う者……。「リンチされる朝鮮人の悲鳴を毎晩聞いた。死んだ朝鮮人坑夫の遺体がボロ雑巾のように捨てられた」。

裵さんは二カ月後ここを脱出する。その後、九州を転々として、何とか生き延びた。

解放後は総聯の支部副委員長や朝鮮学校の建設副委員長を務めた。民族教育を通じて平和の大切さを多くの二、三世や日本人に伝えてきた。その傍ら、生きるためにヤミ焼酎の販売やボロ布拾い、ホルモンの行商に始まり、金融、不動産業などさまざまな仕事に就いた。

転機が訪れたのは八六年。病に倒れて入院した。見舞いに訪れた同胞に「戦時中に死んだ同胞たちの遺骨を探している」と聞かされた。各地の寺には「朝鮮人」と書かれただけの骨壺やボタ山のふもとには石をただ置いたままの無数の「無縁仏」が放置されていた。

胸が塞がれる思いだったと語る裵さん。野ざらしのままの遺骨と今、偶然生きている自分。「彼らのために、自分が何もしなかったことが悔やまれました」。

そんな時、裵さんの背中を押して、支えてくれたのが、ある日本の青年だった。浄土真宗本願寺の僧侶・中尾弘伸さん。八四年に龍谷大学を卒業した中尾さんはさまざまな社会運動を担う心優しき青年だった。宗教、医療、差別問題、戦争責任……。社会正義の実現にむけて意欲を燃やす青年に心を許した裵さんは自らの構想を初めて打ち明けた。「散逸したままの同胞の遺骨を集め、追悼堂を建てたい」。

筑豊の寺を回りながら、過去帳を見せてもらっていたある時、同胞四人の名前を見つけた。一八歳から二二歳の青年たちだった。「もう、胸が張り裂けそうだった。あの時、脱走しなかったら、今もこの異国の地底で、私が眠っていたかも知れない」。この口惜しさ、彼らの恨を伝えられるのは、自分しかいない。

意を決した裵さんは、中尾さんに協力を頼み、二人は民族も年齢も超えて深い親交を結ぶ。裵さんはつかれたように筑豊の寺を片っ端から回った。これまで一二〇数カ所の寺を訪れ、約一四〇の遺骨を確認した。しかし、中尾さんは

美しい朝鮮屋根が特徴の「無窮花堂」と後ろは歴史回廊

出会いから三年後、突然の病魔に奪われてしまった。「中尾君があの時、僕を励ましてくれたからこそ、無窮花堂が完成したと思う」と裵さんは振り返った。

「歯車を逆行させるな」

「時代の歯車を逆戻りさせてはならない」。裵さんは九〇年代後半、教科書問題や靖国神社参拝で表出した日本の侵略思想の根深さに驚愕した。「どうしても無窮花堂の完成を二〇世紀中に果たしたかった。日本が自らの負の歴史を振り返り、非を悔い改め、絶えず歴史を掘り起こす

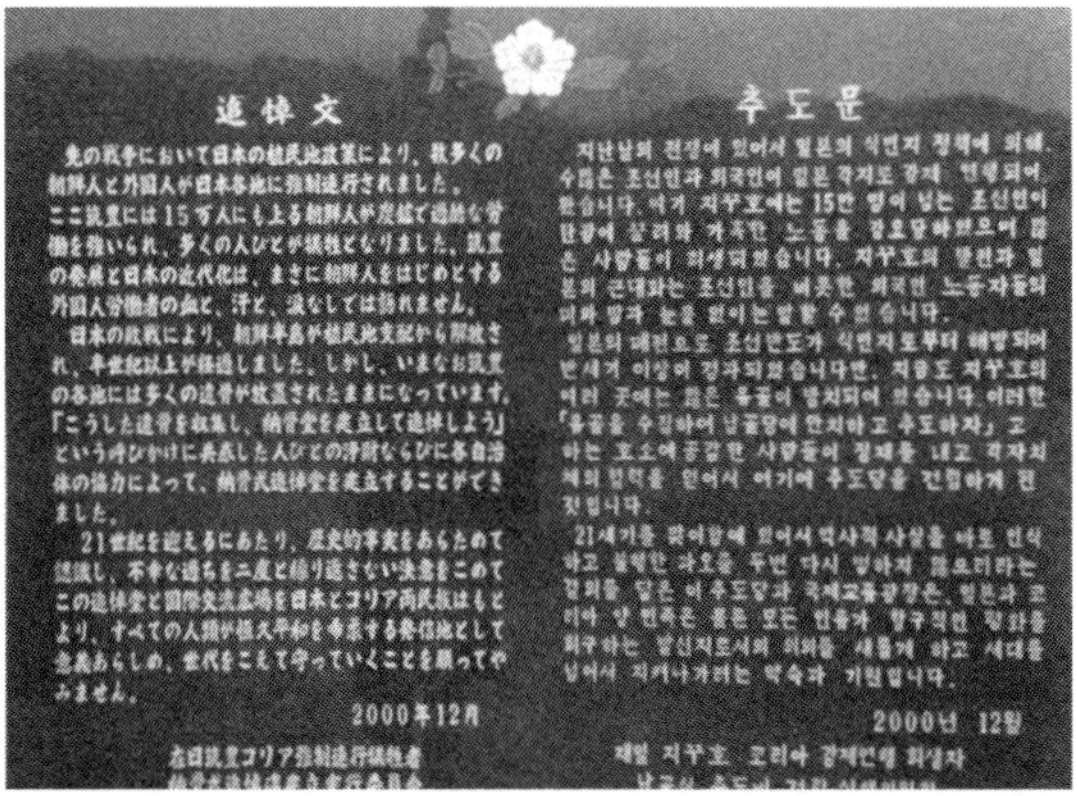

日本の植民地支配を断罪した碑文

ためにも、また、同胞二、三世たちが祖父母や両親の苦しみを忘却しないためにも、学び、伝える場所にしたかった」。

飯塚市との三〇回以上にのぼる粘り強い交渉を、多くの市民と同胞たちが支えてくれた。市民からは一三〇〇万円のカンパと周辺のすべての自治体から約六〇〇〇万円が寄せられ、〇〇年一二月二日、美しい朝鮮屋根を持つ無窮花堂の落慶式が行われた。また、〇二年一一月には炭坑の歴史、強制連行の歴史が一目で分かるパネルを壁に展示した歴史回廊も完成した。

「無窮花は植民地時代の朝鮮民族の抵抗のシンボル。地下に眠る人たちは祖国統一と平和こそを願い続けているだろう」と裵さん。

無窮花堂は地域に深く根を張って、同胞たちの血と涙の歴史を静かに語り、照らしていた。（朴日粉）

五三年ぶりに済州島の海へ

梁 義 憲 さん

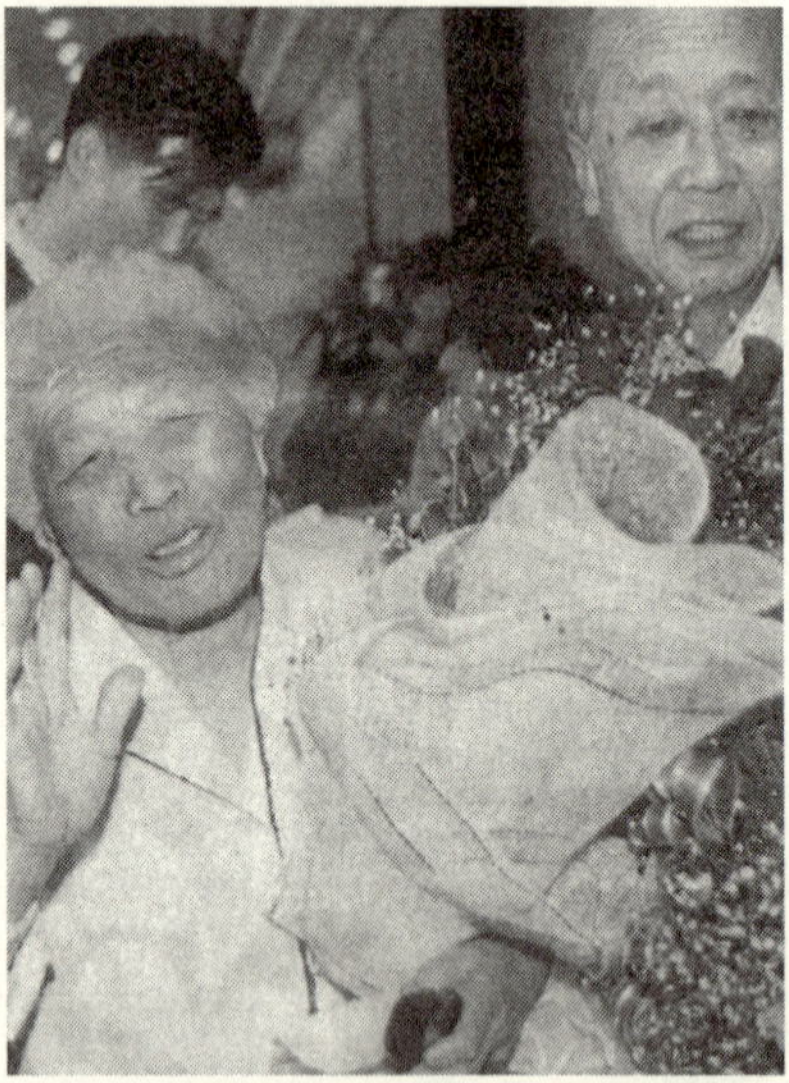

53年ぶりに故郷・済州島の土を踏んだ梁義憲ハルモニと長男の金鎮鎔さん(02年4月)

「故郷の海や幼い頃遊んだ路地裏はどうなっただろうか」。大阪に暮らす元海女、梁義憲さん（88）は、〇二年、五三年ぶりに帰郷した。第七次総聯同胞故郷訪問団に参加、長男の金鎮翁さん（73）と共に、夢にまで見た済州島に降り立った。

梁さんにとって四八年の四・三事件直後、日本に旅だった夫と長男の後を追って、その二年後に渡日して以来の懐かしい故郷。親せきたちから花束を受け取りながら「膝の痛さも忘れる位にうれしい」と満面の笑顔を浮かべ、「もう少し若かったら懐かしい海に潜ってみせるのに」と周囲を笑わせた。

梁さんは祖国の統一のために献身しながら、九四年、志半ばに倒れた夫の墓に「希求統一、望郷漢拏、断腸落涙」と書かれた碑を立てた。今回の帰郷は、亡き夫と自身の統一への志、望郷の念をかなえるものだった。「六・一五共同宣言の恵みによって懐かしい故郷の土を踏むことができた。金正日総書記と金大中大統領に心からの感謝を捧げたい」と梁さんは熱い思いを吐露した。

半生の記録映画

その梁さんの半生を記録した映画「海女のリョンさん」が、今、日本各地で自主上映され、話題となっている。今年度の文化庁の文化記録映画大賞も受賞した。監督は原村政樹さん（47）。

映画には梁さんの三五年前を記録した白黒の一六ミリ映画フィルムが活用されている。朝鮮通信使の研究者、辛基秀さんがカメラマンの金性鶴さんとともに当時、梁さんに二年間密着して撮影したもので、在日一世の女性の過酷な労働と植民地支配と祖国の分断でほんろうされた家族の歴史を伝える貴重な映像だ。

亡き夫は朝鮮学校設立のために奔走し、ほとんど無収入。映画では「アカ仕事でいっさい家にお金を入れなかったよ」と夫を語るシーンがある。六人の子どもを抱えた梁さんは家計を一人で支えるため、働き続けた。毎年、三月から

海女生活で家族を養っていた梁さん（三五年前の映画フィルムから）

一〇月まで家族と離れ、鹿児島から対馬、四国、三重、静岡、と全国の海に約四〇年間も潜り続けた。エアポンプを口にくわえ、水深五〇メートル、時には一〇〇メートルまで潜った。体力の限界まで海底のアワビやサザエ、海藻類を探す日々、たとえ、潜水病に倒れて意識不明になっても、翌日には海に潜った。一日の稼ぎは二〜三万円、多い時は五万円にもなったが、牛乳一杯飲むこともせず、大阪の家族に送金する梁さん。

自分の心の調べに乗せて、カメラの前で淡々と話し続ける梁さんの味のある一人語りは、それ自体が優れた文学作品のようで、観る人の心を引きつけてやまない。

祖国訪問二〇回

たとえ一円のお金を家に入れなくても、在日同胞と民族のために献身する夫を心から愛し、支え、子どもたちにはそんな父を尊敬するよう無言のうちに教えた梁さんの姿が胸を打つ。

朝鮮へと帰国する四男との別れの日、涙がとめどなく流れる梁さんの顔。対照的に別離の悲しみを顔には出さず、息子と手をつないで黙々と歩く父の姿を映画は映し出す。父と母のわが子への愛の深さがしのばれて、観る人の心を涙で満たす、印象的な場面である。母は平壌に暮らすわが子を援助するため、七〇歳近くまで海に潜り続けた。平壌の子どもや孫たちが喜ぶ贈り物を持ってこれまで、二〇回も祖国訪問した梁さん。

自らの半生をカメラに向かって語り続ける梁さんだが、語ることで心がいや

昔潜水した三重県尾鷲市の海で思い出を語る梁さん（映画「海女のリャンさん」から）

されたのだろうか、その表情は語るほどに柔和になり、笑顔がはじける。貧しさのために教育も受けられず、字も読めない梁さんだが、海に潜って、子どもたちを立派に育て上げ、末っ子は朝鮮大学校の教員になった。

植民地、分断、家族の南・北・日本への離散、二〇世紀に朝鮮民族が体験したあらゆる受難を一身に背負いながら、笑顔を絶やすことなくドッシリと生きる不屈の物語。朝鮮女性の、おおらかな女の一生がフィルムいっぱいにあふれ、泣き笑いの熱い涙が私たちの体を満たしてやまない。（朴日粉）

済州島秘伝のキムチ一筋

韓福順さん

「みんながおいしい」と言ってくれるのが元気の素と話す韓さん

節くれ立った手の指が、一二歳から働き通しだった人生を無言のうちに物語る。

「お大師さん」の名で親しまれる東京・足立区の西新井大師の近所で、朝鮮漬物店の大きな看板を掲げた「興福商店」を始めて三六年になる。

「一週間に九〇個ほどの白菜と何袋ものニンニク、あみの塩辛、一樽に二五〇〇グラムほどの唐辛子、生姜……。二〇年ほどは一人で、一日も休まず、キムチ漬けの毎日でした」

韓福順さん(76)は故郷・済州島で一〇歳まで暮らした。四季折々の漢拏山の風景もエメラルドブルーの海の色も全部目に焼きついている。韓さんの作るキムチは、外祖母から母へと伝わった秘伝の味である。

「舌が覚えていたのだろうね。見よう見まねで始めて、数えきれないほどの失敗と試行錯誤を繰り返し、やっと母の味に近づけたかも知れない。キムチは薬念も大事だが、塩漬けが決め手。でも何十年やっても、奥が深くて、極みがない」

一二歳から働きづめ

一〇歳で父母と共に玄海灘を渡り、神戸に居を定めてからは、七人姉弟の長女としてひたすら家に尽くした。周りの子どもたちが小学校に通うのを尻目に、ゴム靴の下請け工場に通い、ミシンを踏み、靴の下張りに励んだ。

「六時に起きて、七時から深夜一二時頃まで働いた。日本が太平洋戦争に突入した頃で、仕事がどんどんきた。私の一日四〇銭ほどの給金がわが家にとっては大きな収入だった」

三歳下の妹が小学校に上がるようになると、「朝鮮人だとバカにされないように、妹の手を引いてきれいなワンピースを買いに行ったことが昨日のことのように思い出されます」と微笑む。「それでも、みんなと一緒に学校に行きたくて一日中泣いて、オモニを困らせたこともあった」。

やがて、日本の敗戦。「その頃は大阪のゴム靴工場で働いていたけど、大空襲に遭い、もう一面焼け野原。家族と一緒に親せきを頼って別府の郊外の農村に疎開した。闇米二斗を担いで、何時間も歩いて、汽車を乗り継いで、家に戻ったこともあった」。

次々と弟妹が生まれ、身を粉にして働いても暮らしは一向によくならなかった。二〇歳で、父母の命ずるままに結婚。「意に添わなくても、当時は親の決めたことが絶対。どうしようもなかった」。

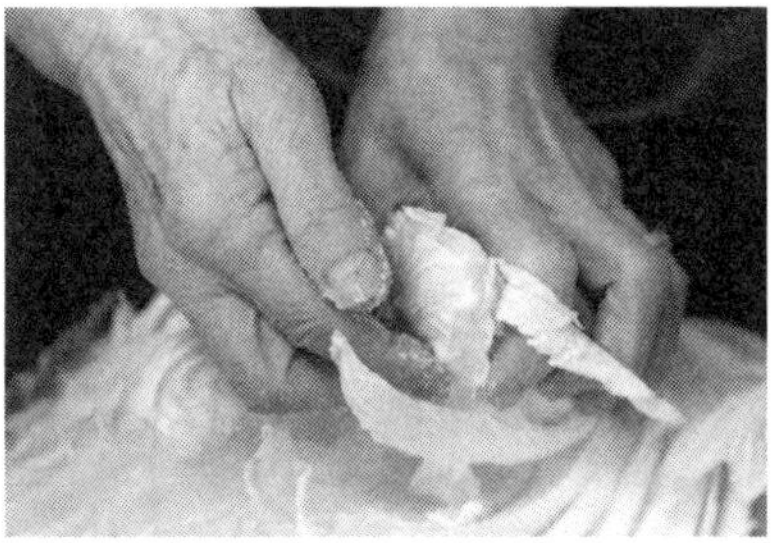

キムチの味は「ソンマッ」（手の味）

結婚してからも忍従の日々を送った。裁断機の前で一日中、ミシンを踏んで、合間に家事をこなした。働いても、働いても、冷や飯しか食べられなかった。そんな頃、実家、婚家、親せきのみんなで上京、今の場所に移った。五六年前のこと。

娘が四人生まれた。「また、女か」、「うちの嫁は女腹か」という冷ややかな物言い。悔しくて悔しくて、何度人知れず涙を流したことだろう。祖国への帰国事業が始まるや否や、「孫を一度も抱こうとしなかったしゅうと」と夫が真っ先に、帰国の途についた。両親、姉妹、親せきらも次々と祖国へ。千里馬運動の高い槌音に呼び寄せられて、長女も旅立った。

「ここほどの味はない」

まだ八歳の娘を頭に幼子三人を抱え、途方にくれていた頃、一人の男性と出会って再婚。「念願の男の子」が生まれた。しかし、間もなく夫は脳卒中に倒れ、以来一八年間の闘病が続く。家族の暮らしが重くのしかかった。嘆き、悲しむ暇もない。子どもたちに民族教育だけは授けたかった。そこで始めたのが、キムチ屋だった。塩にまみれ、唐辛子にまみれて、なりふり構わず、不眠不休でキムチ漬けに没頭した。白菜、高菜、からし菜、きゅうり……。おいしいという評判もうなぎ登りで、どんどん売れていった。今では「興福商店」の名は日本各地に轟き、「北海道、九州、大阪まで宅急便で送っています」と娘の康敬玉さん（53）が語る。

ある日、近所の常連の日本のお客に「ソウルに行って食べてもここほどのキムチはないよ」と声をかけられたのも自慢の一つ。「この辺りの日本の人は、同胞と同じでキムチを株ごと買っていってくれる。ほかではあまり聞かないね」。

外祖母から伝わる故郷の味が日本の人々にも愛されている

日本人の食卓を一変させたキムチ。それをもたらしたのは、韓さんのような朝鮮の女の労苦と知恵の結晶だったのである。（朴日粉）

京都の情緒に溶け込んだキムチ

李 連 順 さん

李連順さん

ひとむかし前の朝鮮人差別の代名詞と言えば「キムチ臭い」とか、「にんにく臭い」だった。植民地時代はもとより解放後も在日同胞はどれほど悔しい思いを胸に秘めてきただろうか。しかし、今、日本の漬物消費量の三割をキムチが占めるなど、その人気は不動のものとなった。

『キムチ物語』刊行

李連順さんの著書『キムチ物語』

一昨年末に刊行した『キムチ物語』は、日本で蔑まれ、差別されてきたキムチを、もっとも美味しく、親しまれる漬物に育て上げた在日の朝鮮女性たちの細腕奮闘記でもある。

著者で「キムチのほし山」の顧問李連順さんは、しみじみと語る。

「店にキムチを買いに来たお客が『キムチって日本語だと思っていた』と言った時、ビックリ仰天。キムチが嫌われた時代を知る一世たちがこの言葉を聞いたら…。まさに隔世の感があります」

李さんは今年七〇歳。美しい装丁の著書には、京都でも評判のキムチを育てあげた献身の半生が温かい筆致で描かれている。

昨春、京都市内のホテルで開かれた出版記念パーティーでは、友人、親せきら約一五〇人がお祝いにかけつけた。その席上あいさつに立った李さんは「長年キムチと向き合い、明け暮れる中で、大勢の人たちと出会い、支えられてきた」とまず感謝の気持ちを述べながら、

「ギリギリの貧しさの中でも失わなかった一世の女性たちの明るさやたくましさ、同胞としての凛とした誇らしさが私を強く励ましてくれた」と語った。

李さんが、この『キムチ物語』を書こうと思い立ったのも、一世たちの苦難の人生の背中を見つめてきたからだ。植民地時代、強制連行や貧しさから逃れるように、着のみ着のままでふろしき包み一つを手にして日本にやってきた一

世たち。すでにその多くは不遇のままに世を去った。

「でも、その貧しさの中で一世たちが残してくれたものは少なくありません。キムチ一つをとっても、日本人がその味を知るきっかけを作ったのは一世たちでした。体一つを資本に、無我夢中で働いて子どもや孫の世代が日本の社会でしっかり生きていく土台を作ったのも一世たちです」

オンボロ自転車で訪問販売

今から四〇数年前、オンボロ自転車に飛び乗って、京都市内を東に西へ。まだまだ偏見の強い時代にキムチ訪問販売を思い立って、食品よろず屋さんに体当たりでぶつかる毎日だった。

「委託でけっこうですから、置いてもらえませんか」

「ニンニク入っててんのやろ。いらん、いらん、持って帰り」とにべもない応対。しかし、あきらめない。持ち前の聡明さとひたむきな努力で乗り越えた。「なかばヤケクソでした。きっと断られるだろうと、覚悟して飛び込みました。ところがなんとある店では『ああ、エエよ。そこへ置いとき。皆、置いといたらエエわ』」

こんな出会いにも恵まれて、味も評判を取り、どんどん売れるようになった。店を構えてしばらく経った頃ある老人が聞かせてくれた話。

「ワシ、朝鮮人もキムチも大好きなんや。戦前、田舎にいた頃、肺病にかかって、病気がうつるといって共同井戸も使わせてもらえなかったことがあった。それで困って近くの朝鮮人部落の人に事情を話して頼むと『どうぞ、どうぞ、気にせんと使ってや』という返事が帰ってきてなあ。おおらかでいい人たちやなあと思うて、ほんまにありがたかったし、うれしかったわ。それ以来、キムチの味を覚えて、今に至るまでずっと朝鮮人とキムチが好きや」

李さんの胸を今も熱く満たすとっておきの秘話である。

「一人で始めたキムチの商売を軌道に乗るようにしたのは、私かもしれないが、その種をまき、花を咲かせてくれたのは、名もない一世たちの人間味あふれる生き方だったと思う。それをどうしても伝えたかったのです」

出版社にも、日本の若い女性たちから「受難の時代を屈せず、懸命に生きたハルモニたちの生き方に引かれます」という多くの読者カードが寄せられている。著者と読者のもっとも幸運な出会いであろう。

今、三人の息子が力強い「三本の矢」として、家業を守り立てている。一家そろってクラシックのファン。京都交響楽団の応援もして、キムチは今や京情緒にしっとり溶け込んでいる。（朴日粉）

私は私らしい障害児のオモニでいい

金 慶 子 さん

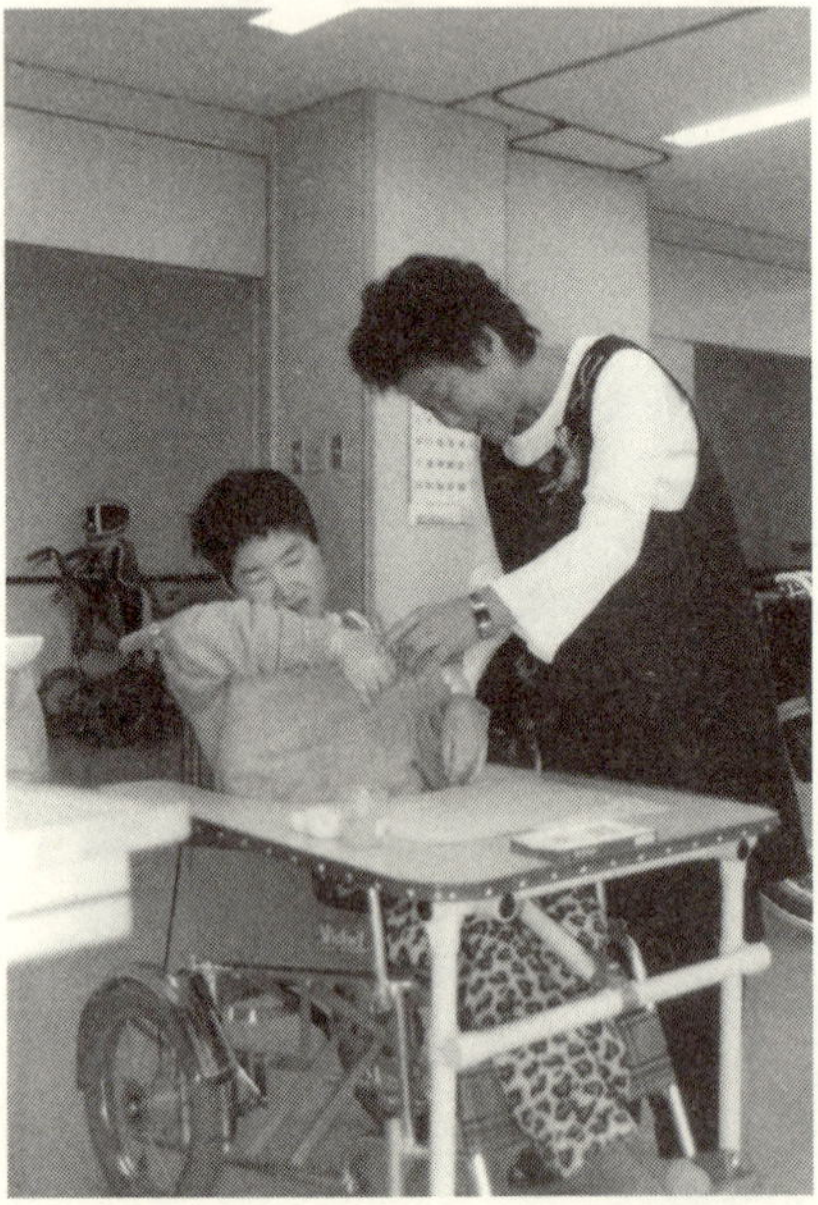

「一日一日を大切に生きるんだ」。話せない娘を介護するオモニ

人間はこうも強くなれるものか——。

手を降って見送ってくれたオモニ・金慶子さん（62）の言葉一つひとつを噛み締めながら、バスの中で記者はそのことをずっと考えた。

「脳性麻痺言語障害」

長女の権玉粉さん（40）は、障害者手帳一級の「脳性麻痺《まひ》言語障害、坐位不能」という重い障害を負っている。「五体不満足」どころか、首は座らないまま、話すことも一人で食べることすらもできないでいる。目が見えることが唯一の救いだった。

生後一一カ月目に風邪が悪化し、四〇度の高熱が続いた。熱が下がらぬまま、脳にウィルスが入り脳膜炎にかかったことから脳の神経系統がやられた。なんとか一命をとりとめることができたものの、主治医から一生重い障害を負うことになるだろうと「宣告」された。

「自分の運命《パルチャ》を呪った。この子と一緒に死のうかと何度思ったことか」。しかし、夫の権教俊さん（67）は「死ぬならお前一人で死ね」と厳しくしかりつつ、二人で娘を見守っていこうと励ました。

「私が守るしかない。私が私が……」。目の前のわが子の状態に暗く落ち込んでいく気持ちのどこかで、何度もそうささやいた。

それでも、実際に自宅でのつきっきりの介護は人に言い尽くせぬほど、辛くも苦しいものであった。

愚痴をこぼす余裕すらなかった。風邪を引いても、下の子が次々と生まれても休むことすらできなかった。アボジはダンプ一台で生活を支えた。心筋こうそくになった後も走り続けた。

それでも、オモニは娘の生に執着した。「何がなんでも生きるんだ。このまま不幸な子どものままで死なせはしない、一生を自宅で送らせはしない」という一心で介護に励み、また同胞の集う場へよく連れていった。

宝塚のオモニたちと共に学校の通学バス（オモニ号）購入活動を行った慶子さん（二列目、右端）

分会のリーダー的存在

オモニは娘を車椅子に乗せ、下の子の入学・卒業式（前宝塚朝鮮初級学校）や女性同盟・宝塚支部、安倉分会の集い、八・一五祖国解放記念日の集いなどに参加した。そのたびに同胞たちは励ましの言葉をかけた。「オモニ、頑張って。苦しいと言ってもいいんだよ」。その言葉は、乾いた砂地に水が染み込むように、オモニの索漠《さくばく》とした心に深く染みた。

「私は私らしい障害児のオモニでいい。こんな子がいるからなにもできないという考えを捨てよう。そう考えると、なんだか前向きなエネルギーが湧いてきた」

分会の会費集金や学校の通学バス購入の「一日一〇〇円貯蓄運動」に加わり、娘と共に同胞の家を一件ずつ回った。オモニの努力で賛同者は増え、〇〇年六月にバスを購入することができた。「今は分会長として、同胞女性らのリーダ的存在」（黄春伊副分会長、47）。

〇一年五月に発足した兵庫・「ムジゲ会」に入り、同胞障害児父母らとの交流を深めている。また同年八月、在日同胞福祉連絡会の第一回総会（長野）に夫、娘と共に参加し、自らの体験を話した。

障害の程度や種類は違っていても、それぞれに悩みや迷いや不安を抱えていて、自分と娘だけが大変ではないことを知った。「一日一日を大切に生きるということは、本当に誰にとっても大切なことだということを、はっきりと知らされたような思いだった」。

三女の政栄さん（35）は言う。「お姉さんを連れて散歩に行くのが恥ずかしか

同胞の中にいるときが一番幸せ！（分会の同胞らともちつきをする慶子さん、左端）

った。そう思った自分自身がとても恥ずかしかった」。七人家族はこれまで一度も旅行に行ったことがない。

しかし、オモニの人生を見て育った下の娘三人と息子は、朝鮮大学校への進学をあきらめ、オモニの力になろうと車の免許を取得し、姉のめんどうをみてきた。次女の永仙さん（37）は、将来オモニが動けなくなった場合、自分が姉の世話をする決心でホームヘルパー二級を取得した。

オモニは言う。「人の痛みに美意識を当てはめてはだめ。なるべくその人の立場になって考え、思いやる心を持たなければならないということを、宝塚の同胞たちから学んだ」。

一緒に話し合ったり遊ぶこともできないが、微笑ましい表情で甥《おい》たちを見る玉粉さん。「最大の願いは先に娘を見送ること」と言ったオモニ。バスの中で、記者は「頑張って！　オモニ」と何度もささやいていた。（金英哲）

編者註　この取材の六ヵ月後の〇二年九月、金英哲さんは死去されました。同胞たちの生活にいつも心を寄せ、温かい記事を書き続けた記者でした。

シルクロードの五つのルート踏破

張允植さん

次世代に朝鮮三国の偉人の足跡を知ってほしいと語る
張允植さん

「月日は百代の過客にして…」と詠んだのは「奥の細道」を著した松尾芭蕉である。古今東西、時空を超えて人はひたすら旅に憧れ、魅了され、生きてきた。このほど「古代シルクロードと朝鮮」を刊行した張允植さん（68）も少年の日から胸に描き続けたシルクロードへの見果てぬ夢をついにかなえた一人。

少年の夢叶う

張さんは東大阪・布施で電線関係の付属製品会社を経営する実業家の顔をもつ。かつては在日本朝鮮人大阪府商工会副理事長として、同胞商工人のネットワーク形成にも尽力した。

そんな張さんが遥かな旅の夢に目覚めたのは九年前、北京で偶然出会った知人と食事をした際にかけられた一言だった。

「二週間後にシルクロード四〇日間の旅に出かけるんだけど、張さんも一緒に行かないか」

九五年九月。運命の一言が、学生時代、詩作に熱中し、山岳部に所属してい
た張さんの好奇心と冒険心を揺さぶったのだ。「急な誘いだったが、行きたいと
いう気持ちに突き動かされてしまった」。
今も多くの詩を発表し続ける張さんだが、東京朝高一年で自ら作った生徒会
機関誌「学生旗」に二年生の時発表した詩「流れ」(朝鮮語)がある。その冒頭
を紹介しよう。
「流れよ／清らかな流れよ／真白い泡を包みながら／真っ黒い雲がさす／あ
の一海へ／流れいく流れよ」
少年の心に広がる大きな夢と強い志が全編に脈打っているかのように感じら
れるではないか。

「未知の世界」への扉

とはいえ、現代でもシルクロードの旅は容易な道程ではない。シルクロード

ラクダでタクラマカン砂漠を行く（右から二人目が張さん）

の旅は大きくわけて五つのルートがある。①中国の北方、天山山脈の北側の天山北路、②天山の南側の天山南路(西域北路)、③タクラマカン砂漠の南側の西域南路、④パミール・ルート、⑤チベット・ルート。

このルートを五年間、約一七〇日を費やして踏破したのだ。旅の終焉はチベット。九九年の晩秋だった。

「ラクダから落ちたり、馬に振り落とされたり、高山病に冒されながら、昼夜の気温差が四〇度にもなろうかという砂漠を来る日も来る日も、気が遠くなるほど彷徨う日々だった。旅先で病に倒れ、妻が北京まで迎えに来てくれたこともあった」

ひたむきに旅し、詩作し、学ぶ日々。そうやって得た「自己の確かな眼」がとらえたのは、それまで未知の世界だったシルクロード史に光彩を放つ古代朝鮮三国の英雄たちとの思いがけぬ出会いだった。しかし、それは偶然の幸運が呼び込んだもの。二回目の旅の報告を恩師や知人にハガキで送った時、東京朝高三年時代の担任・魚塘先生から一本の電話が。

「君は慧超という人物を知っているか」

「新羅の僧・慧超とシルクロードとの関わりには深いものがあるぞ」

約五〇年も前の卒業生への恩師の的確なアドバイス。それが後の旅に豊穣な実りをもたらしたのだ。

「それからというもの、旅に出かけては、帰って文献を探し貪るように読破していった。

シルクロード関係だけでも五〇冊程になる。そこで疑問や新たな発見にぶつかると、また、現地で確認するという繰り返し」

祖国を遥かに離れて、峻険な行路で築かれた古代朝鮮三国の人たちの偉業。

東京で2004年4月に開かれた出版パーティーで

彼らへのくめども尽きぬ愛と興味が張さんの心を虜にしてやまなかった。

「唐の安西節度使となってタシュケントを攻略したのは、高句麗の将軍・高仙芝。高句麗滅亡後も安市城で最後まで戦った高句麗の勇将・高舎鶏の子息である。また、吐蕃と突厥（トルコ系遊牧民）の攻防戦で数々の軍功をあげ、不敗の将軍と称えられながら刑場の露と消えた亡国百済の遺将・黒歯常之の英雄譚と悲劇。そして、八世紀に中国、インド、イラン、アラビア、シリアなど三七カ国を徒歩で巡礼し、大旅行記『往五天竺国伝』を著した慧超の不朽の業績。彼らが通ったであろう歴史の地を歩く時にこみあげる感激と誇りを抑えることはできなかった」

張さんは旅装を解く間もなく、来春のピースボートでの壮大な「海のシルクロード」の旅へと心を躍らせている。（朴日粉）

現役バリバリの野外カメラマン

崔吉子さん

雨の日も風の日も笑顔で観光客の写真を撮る

京都市伏見区在住の崔吉子さん（68）は、現役バリバリの野外カメラマン。背筋をしゃんと伸ばして明るい笑顔で接する姿は好感が持てる。

崔さんの仕事は、京都・平安神宮で、お宮参りや七五三、修学旅行、社員旅行に訪れる人々の記念写真を撮ること。二一歳で写真屋に嫁いだ後、ずっとこの仕事に関わってきた。

崔さんが結婚した一九五〇年代といえば、まだコンパクトカメラが一般家庭に普及される前で、写真はとても貴重なものだった。日に観光バスが二〇、三〇台訪れると、写真の一〇〇〇枚などはあっという間。夫が撮った写真を現像して焼き付けるのは、もっぱら義母と嫁の役割だった。

寝る間もない日々

当時、現像液の配合から定着液につけて薬を流し、水を切って乾燥させ、重石で紙を伸ばし、四隅を揃えて一枚の写真を仕上げるまでの工程はすべて手作業。水道もなく、夜通しポンプを押していた。

「寝る間がないから眠くて眠くて……。でも生活のためには働かなくてはならない。夫によく、目の前にあるのは写真じゃない、金だと思え！　と言われました」と崔さんは言う。寝る間もないほど仕事に追われる日々。作業場の片隅に寝かせた乳飲み子をあやすこともできず、赤ん坊の汗と涙で「(子どもを寝かせていた) 座布団が泣いているようだった」

取り払われた「壁」

崔さんがカメラを手にするようになったのは、夫が肺炎で倒れた七五年の元旦だった。「信用第一」の厳しい世界、それゆえにいかなる理由であっても仕事に穴をあけるわけにはいかなかった。三脚を立て、必死になって写真の撮り方を覚え、それ以降、約三〇年にわたり写真をとり続けている。

現在、京都市内に約五〇軒ある野外写真屋のうち、同胞が営む写真屋はわずか一軒。「写真は技術。だから誰にでもおいそれと技術を学ばせてはくれないの」と崔さんは言う。

たしかに、現像液に使う薬品の重さが少し違ったり、お湯の温度が少し熱かったりするだけで、配合された薬品が水に溶けなかったり、写真の色が出なかったりするのだ。その微妙な調合の分量や温度加減を伝授してもらえたのも、「夫のまじめで誠実な人柄を見込んでのこと」と崔さんはいう。

平安神宮内での撮影を許されているのも、日本の業者二軒と崔さんのところだけだ。桓武天皇を祀っているところだけに規制も厳しく、お金を積んでもやすやすと営業許可は得られない。

崔さんは、夫と自身の経験から「仕事をするうえで、朝鮮人とか日本人とかいうのはあまり大きなことではない。あえて朝鮮人ですと、声を上げることはないけれど、聞かれたら堂々と答えればいい。芯がしっかりしてたらええのや、というのがうちと夫の信念です」と話す。解放後の朝鮮人差別がひどかった時代を、崔さんら夫婦は、誠実な人柄と丁寧な仕事ぶりで乗り越えてきたのだ。

「あるとき日本の人たちと、船で宴会をしたことがあったんです。そのとき、アリランを歌ってくれと言われましてね……。それまで隠しているつもりはなかったけれど、特に主張もしていなかった。でもみなさんお見通しだったんですね。うれしかったです……」

見えない「壁」は少しずつ取り払われている。四、五年前からは神宮入り口の守衛室にも入れるようになった。「日本の人たちは以前から入っていたんですが、うちらは入れず、ずっと外にいたんです」。

野外の撮影とあって、客を待つ日には、雨の日も、風の日も、雪の降る寒い日も、真夏の焼けるように暑い日もある。守衛室への出入りもまた、崔さんらの人柄を見込んでのことだろう。

仕事と楽しみ

大阪万博があった年にカラー写真が登場して、それ以降、現像、焼付けは他の業者に任せるようになった。家庭用のカメラの普及とともに目の回るような忙しさからようやく解放された。

「今は楽しくやってるんです。仕事を続けることで、生活に張りも出ますしね。それにこずかいもできる、それがうれしい」と、崔さんは笑う。仕事が辛く、生まれ変わったら二度と写真屋だけには嫁ぎたくないと、同業者のお嫁さんたちと話していた頃が懐かしい。

体調の悪い日もあった、三叉神経を患って八時間にも及ぶ大手術をしたこともあった。でも崔さんの笑顔に陰りはない。

崔さんが撮った写真。晴れ着姿が美しい

「いろんな人を見てると、感謝の気持ちが沸いてくるんです。仕事があるということ、お金をもらえるということ、生活ができるということ、家族がいるということ、すべてに感謝して生きています」（金潤順）

人生のドラマは演劇と共に

金久善さん

金久善さん

毎月二回、兵庫県伊丹市にある総聯伊丹支部下河原分会には、高齢同胞たちの歌声がこだまする。

「コサリ」会。一昨年に行われた兵庫同胞高齢者音楽祭に出場したのを機に結成された歌のサークル。メンバーは、六〇～八〇代の女性で、かつては女性だけによる演劇を手がけた仲間たちだ。同会代表を務める金久善さん（78）は、当時の中心人物の一人。彼女の男役は観衆たちを魅了し、伊丹の演劇を全国にとどろかせた。

一五歳で結婚

慶尚北道金泉市の貧しい農家に五人兄妹の長女として生まれた。七歳の時、アボジを追ってオモニ、兄妹と共に玄海灘を渡った。

大阪での生活は裕福ではなかった。兄は早くからアボジと共に一家を支えるため働きに出た。

金さん自身も学校は小学校三年までしか通えなかった。末弟が生まれ、長女である彼女が弟の面倒を見なければならなかった。しかし、金さんにとっては、それがかえって「好都合」だった。学校では、毎日「朝鮮人のバカヤロウ！出て行け」と罵られ、勉強もおぼつかなかった。恐怖心にさらされた。「忘れることのない苦い体験」という。

一五歳で結婚。親孝行だった金さんは、具合が悪いアボジに孫の顔を見せたくて伊丹に嫁いだ。

男役がはまり役に

トラック運転手だった夫の金永大さんは、愛国心の強い人だった。解放後は、愛国事業の道へと進んだ。

「夫は私に朝鮮語を習わせようと必死でした」。当時盛んだった国語（朝鮮語）講習所で母国語を習った。家での会話は朝鮮語。ウリマルを覚えないと、子どもの教育に悪影響を及ぼすからだ。

やがて四人の子宝に恵まれ、長女と長男は祖国に帰国。娘を見送る新潟港の埠頭で別れを惜しむ姿はなかった。

「いずれ私たちも帰国するつもりだったから、涙は出なかった」

夫の影響を多大に受けた金さんも、総聯結成後の初代女性同盟伊丹支部委員長として同じ道を進んだ。

金さんの名演技（男役）は、観衆を魅了した

そして四三歳の時、劇の舞台に上った。当時（一九六三年）、東京で中央大会が開かれると、各支部でコーラスなど催しものを発表することが盛んだった。

伊丹では演劇を出すことが決まり、当時の文芸同兵庫委員長の助けを借り、けいこをはじめた。出演者は全員女性だった。

当時は祖国分断下の厳しい対立の時代。南朝鮮の朴正熙軍事独裁政権打倒をテーマにした演劇で金さんは朴正熙役を演じた。

「いざ、配役を決めようとすると、誰もその役を嫌うのでしかたなく、私が役を引き受けた」

パイプをくわえ、憎々しい朴正熙の姿は観客に大いに受けた。以来、女性同盟伊丹支部の演劇は中央大会の名物となった。

「びっくりしましたよ。大会を終え、西日本へ帰る参加者らは、こぞって伊丹に立ち寄って演劇成功を祝ってくれました」

それからさらに二本手がけ、たびたび東京に向かった。抗日遊撃隊をテーマにした作品では日帝の手先（男役）の役、歌舞団をモチーフにした演劇でもアボジ役を演じた。

兵庫県同胞高齢者音楽祭で熱唱する「コサリ」会のメンバー（右から三番目が金さん）

思い出歌にこめ

元来の映画好き。ストーリーよりも俳優の演技に魅力を感じていた。なかでも「ウリエゲヌン　チョグギ　イッタ(私たちには祖国がある)」という映画に衝撃を受け、俳優業にあこがれるようになった。

「もし、結婚しなかったら、きっと祖国に帰って俳優の勉強をしていたよ」

「だって文化活動は私にとって人生そのものだもの」

夫に音痴だとからかわれて、敬遠し

ていた歌を三年前に始めた。

昔の演劇仲間らとまた楽しい時間を過ごす機会ができた。マイクを握り、思い出話に花が咲く。故郷の山河を脳裏に描き、青春時代に思いをはせる。一世の思い出は、この地で歩んできた在日朝鮮人の貴重な歴史だろう。(千貴裕)

業績より質に
こだわりたい

鄭　仙　玉　さん

社長の執務席は社員と同様、事務所内に設けてある

背筋をしゃんと伸ばして、対話をする相手とまっすぐに向き合う。丁寧な語り口調の中にどこかどっしりとした重みを感じさせる。

愛知県知立市、知立衛生株式会社・代表取締役の鄭仙玉さん(68)。同社は、人口七万四〇〇〇人の知立市内の衛生事業を一手に引き受けている。

職場の環境

一九六一年の創業以来、愛する夫と手を携えて営んできたこの会社を鄭さんが取り仕切るようになったのは、悲運にも夫の死によってであった。結婚五年目のある日、「きれいな仕事じゃないけれど、人間がものを食べて生きてくかぎり、かならず後ろについてくるもの」と、仕事の大切さを教えられ、以後、夫の右腕として働いてきた。社訓は、「努力、継続は力なり」。スポーツ選手や学者の成功が日々の努力の上になりたつように「日頃の積み重ねがものをいう」と、鄭さんは説く。

毎朝七時五〇分からはじまる朝礼では、全社員そろってラジオ体操をする。そして、社員三人が交代で朝のスピーチを行う。一、一五日は社長がスピーチをする日。「知立衛生という環境の中で、職員たちが人間的に少しでもグレードアップしてくれれば良い」と鄭さんは考える。

ほかにも同社では、隔月ごとに勉強会、スポーツ交流会を行っている。偶数月の勉強会では、社員二人による発表会が。テーマは、清掃の手順など業務内容に関するものが多い。「これでその社員がどれほど仕事に真剣に取り組んでいるかがわかる」。発表は抜き打ち、社員はちょっぴり緊張する。

プロ意識

鄭さんは社員らに「プロ意識」を持てと強調する。街の人に聞かれたとき、ひとつでもふたつでもしっかりと答えられなくてはプロとして恥ずかしい。自身も危険物取扱者、浄化槽維持管理点検、建築土木二級免許などの資格を取得した。

朝のスピーチや勉強会での発表は、いつしか社員たちの身となり、ある者は「結婚式のスピーチで人前であがらずにしゃべれた」と、感謝を述べてきたという。

子どもを育てる母親のように、社員たちの人としての資質をも伸ばしていく鄭さん。彼女の執務席は一般社員同様、事務所内に設けられている。別個に社長室があるが執務中は入らない。「ともに働くと、現場の様子が見れる」からだ。

三六五日、休むことのない仕事。夫とふたりで立ち上げた会社を輝かせるのが生涯の任務だという。「業績よりも社員のレベルにこだわりたい」。やる気と活気にあふれる職場をめざす。「朝起きて、あ〜行きたくない」じゃなくて、「さあ、行こう！」と思える職場を。「それは管理職の責務でしょ」とにっこり笑う。

現役プレーヤー

子どもの頃から運動神経は抜群だった。同胞女性らのバレーサークルとの出会いは三七年前のこと。バレーボールを通じて「ハナ、トゥル、セッ、ネッ」という朝鮮語を学んだ。ほかにも「タンギョル」「パッチャ」などがバレーで学んだ言葉。八六年、在日本朝鮮人愛知県バレーボール協会・会長に抜擢。

祖国との合弁事業も手がけていて、訪問時には祖国の人たちとバレーボールを楽しむ。「バレーを通じて、コミュニケーションを図りたい」。点を入れたら喜び、外したら悲しむ。人間の喜怒哀楽は万国共通。

まだまだ若い。「人生山あり谷ありと言うけれど、人生においてここで終わり、というきまりはない。人生は無限大」。鄭さんには、まだまだ輝き続けてもらいたい。（金潤順）

子どもが迷うのは親の責任

金恭子さん

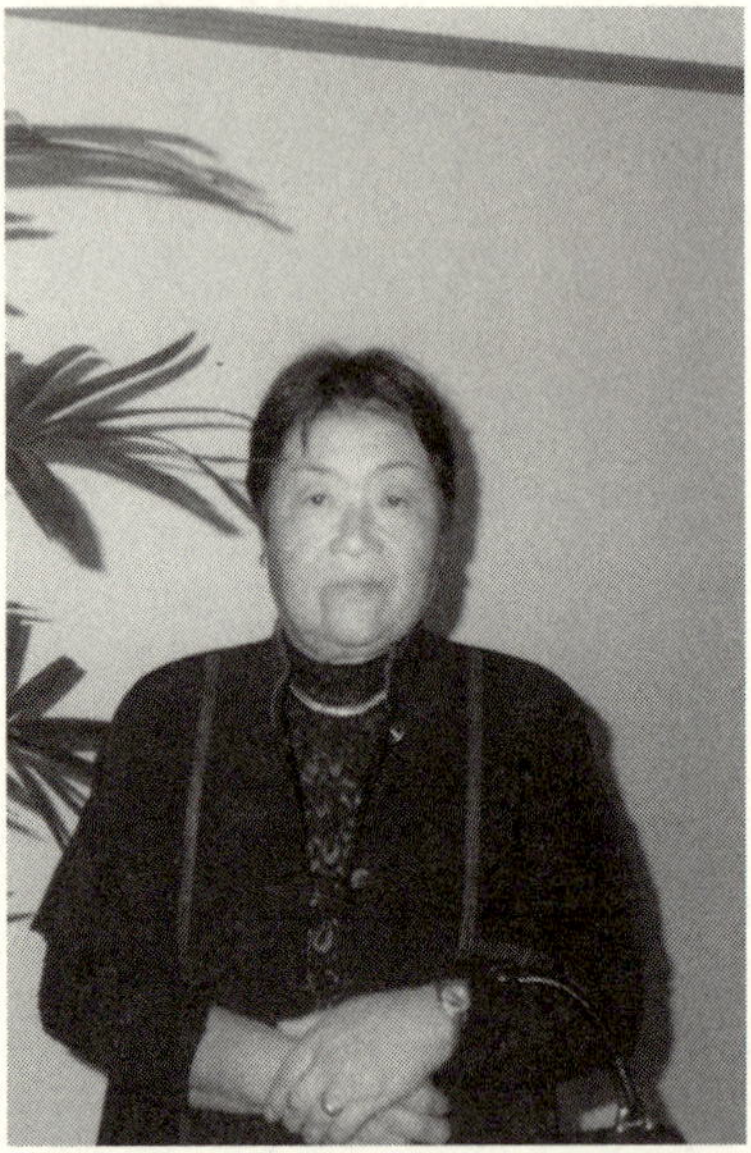

金恭子さん

女性同盟結成55周年を祝う熊本県大会

女性同盟結成五五周年を祝う熊本県大会が、〇二年一〇月二七日、熊本市内にあるホテル・ニューオータニ熊本で盛大に開かれた。女性たちはチマ・チョゴリで着飾り、どの顔も晴れ晴れとして見えた。

この席に長男夫婦を伴って出席したのが、市内で手広く産業廃棄物事業を営む金（金岡）恭子さん(68)。人工透析のため週三回、病院に通い続ける夫の金鐘鳳さん(67)の片腕として社長としての重責を果たす。その金さんが最近のテレビを見て、一番悔しく思うのは、拉致事件一色に塗りつぶされた日本のメディアの報道ぶりだ。

「私が四二年前に夫と一緒になって、身にしみて感じたのは、在日朝鮮人には何の生活基盤がないということでした。商売を始めようにも銀行が金を貸してくれない。アパートだって貸さない。まともな職だってありつけなかった。今も、基本的に変わっていないじゃないですか」

身近な在日同胞たちへの根深い差別やその温床となった植民地支配の歴史には、一片も触れず「ただやみくもに『拉致、拉致』と騒ぎ、日本人の人権だけを強調し、朝鮮人の人権を無視する報道ぶりは常軌を逸している」と金さんは怒る。

人工透析の夫を支え

金さんが夫と出会ったのは、熊本市内の専門学校の教員時代。共に教鞭を執る仲間として出会い、愛を育んだ。しかし、すんなりゴールインとはいかなかった。大きな障害にぶつかった。金さんは熊本の旧家の出身で、父は中学校の校長。親兄弟の猛反対を受けた。

そんな中で福岡県庁に勤める長兄だけが味方になってくれた。「もう、そんな時代ではないと、弟が言ってくれて。子どもが生まれて、母が見舞いに来てくれた時は本当にうれしかった」。

とはいえ、結婚して朝鮮人部落で所帯を持った時のことは忘れられない。豚を飼うのに、リヤカーを引いてエサをもらいに歩いた時の恥ずかしさ。喧嘩の激しさにも驚いたが、日本人の嫁が来たとジロジロ見られたこともあった。

長男が生まれ、娘三人にも恵まれ、暮らしもやっと落ち着いた頃。そんな日常を揺るがすある事件――。

長女が日本の小学校六年生に在籍していた頃のこと。学校から帰ってきた長女がいきなり「オモニ、私は何人なの？」と母を問い詰めた。金さんは強い衝撃を受けた。

「子どもたちを私の国籍に入れてしまっていた中途半端さが、子どもの心に迷いを生んでしまった。子どもが迷うのは親の責任だ」と痛感し、直ちに日本国籍を離脱し、朝鮮籍に変更する手続きを始めた。

その時、金さんの胸に去来したのは、「朝鮮は先祖の祭祀を大切にする国柄。異国で苦労して子どもたちを立派に育てた義父母への申し訳なさ」だった。まして、夫は金家の長男。夫の立場を考えるなら、名実共に自分が朝鮮人にならねば、子どもをしっかりした朝鮮人には育てられない、と心に期した。二〇余年前のことだった。

頑固だった父に日本国籍離脱の許可を得るため、実家に出かけた時「父は（夫と）共に白髪になるまで添いとげるなら、と許してくれました」。長い間の不和が氷解した一瞬だった。

役所に行って手続きする時、「本当にいいんですか。熊本で初めてですよ」などと窓口の人に何度も念を押された。

民族教育に尽くし

金さんは朝鮮語を必死に習った。成人学校に通い、娘たちからも学び、独習を続けた。

夫は苦労を重ねながら、産廃の事業を立ちあげた。金さんも夫の片腕になるべく、コンピューターを学び、簿記学校にも通った。商売も順調で、夫は県商工会副会長に就任。一方で、九州朝高、朝大へと進む四人の子どもたちのため、朝高や朝大の理事を一三年間も務め、学校に寄付し続けた。

「民族教育のために微力を尽くすことが、夫の生きがいでした。人は何のために生きるのか、誰のために生きるのか、民族のために生きるんだ、と子どもにいつも言い聞かせていました」

そんな矢先に夫が倒れた。すでに人工透析は七五年から続けていたが、その後、入退院を余儀なくされ、金さんは夫の看病に献身的に打ち込んだ。「夫は入院すれば三食とも自家製の弁当でないと食べない人。病院食以外はダメという病院側を説き伏せて……。今では看護師さんから女の鑑だとほめられています」。

幸い、家業は長男が手伝うようになった。「午前三時の起床から深夜までの重労働。夫が心血を注いだ仕事を引き継ぐにはしっかりした心構えが大事です」。

二五歳まで育った日本人社会。それよりもさらに長い四〇年を同胞たちと歩んだ。「同胞たちは情があつい。今時、御飯を食べた？と声をかける人がいますか。朝鮮人として受け入れてくれて、喜びも苦しみも分かちあえて……。どんなに幸せか分かりません」。（朴日粉）

息子夫婦と一緒の金恭子さん

「花の絵水彩画展」が大盛況

李　賛　英　さん

李賛英さん、お気に入りのコスモスの花の前で（写真、右）

大阪特有の気が強い「一世ハンメ」のイメージとはほど遠い。屈託のない笑顔と優しくおっとりとした話し声からは想像もつかない、ダイナミックで華麗な水彩画を描く李賛英さん（81）は、一昨年の一二月一四、一五の両日、八〇歳を記念して大阪・八尾で「花の絵水彩画展」を開いた。

展示作品は六〇点にもおよび、二日間で約三六〇人が会場に訪れる盛況ぶりだった。六〇点の絵は、ほとんど完売したという。絵画教室に通い、二〇〇〇年三月に堀井かずえファンタジック水彩科を修了した。

「父を亡くして五〇余年。女手ひとつで私たち兄弟を育ててくれた母が八〇歳を迎えた時、七〇半ば過ぎからこつこつと絵を描いている姿を見て個展を開いてみてはどうかと話を持ちかけてみました」と話す息子の康勲さんは、現在、総聯八尾柏原支部副委員長、在日本バスケットボール協会会長など多くの役職を歴任する。

「オモニのために家族、親戚たちみんなが実行委員となり、一丸となって個展の準備に取りかかりました」（康さん）

二八歳で夫と死別

種を植えて大事に育てたチューリップの球根が芽を出し、きれいな花を咲かせた。ふと描いてみたいと思いたった李さんは、自然と画用紙に鉛筆を走らせていた。七三歳の時だ。

一九九六年に大阪で行われた「ウリキョレ女性展・第一回展」でその絵が展示された。一昨年三月に行われた第六回まで毎年、欠かさず出品している。

「野菜を書くのも好きだし、いろんな場所で風景画を描いていました」

済州島で生まれ、七歳で大阪へ渡った。男四人、女一人の五人兄弟の李さんは、「少女時代と言えば、家事手伝いばかり。絵は兄たちがかいているのを肩越しに眺めているだけだった。振り返り思えば、兄たちの影響が大きかったかな?」。

二一歳で結婚し、二人の子どもにも恵まれ幸せな生活を送るが、夫を二八歳で肺結核で亡くした。その後、二人の子どもを養うため四八歳までの二〇年間、印刷工場で働いた。
「これでも周りからは、仕事の鬼って呼ばれてましてんよ」と笑い飛ばした。
二、三日の間、空いている倉庫とガレージをくまなく探し出し、その場所に四九歳で自ら印刷会社を興した。印刷工場で働いていた日本の友だち六人と共に、会社を始めた日々を思い出しながら、「時代が私をそういう大胆な行動に移させたのかも知れませんね」。

愛国事業に献身

苦労の多い生活を顧みず、しっかりと愛国事業にも取り組んだ。大阪・中東支部（現在、八尾柏原支部）で女性同盟委員長を七一年から八九年までの一八年間務め、二世にバトンタッチ。八尾地域ではいつしか「名物委員長」になっていた。

「周囲から、『あんた、一八年間の朴正熙独裁政権とちゃうねんから、早く委員長交替し！』とか冗談で言われたときなんか笑っちゃいました」

現在は、「ひまわり友の会」を発足し、一世のハルモニたち約一〇人が集まり、旅行などに出かけ同胞の輪を大切にしている。発足して一〇年が経つ。

女性同盟八尾柏原支部の黄河春委員長があるエピソードを話してくれた。

「賛英さんの夫の遺骨を姑が日本に来て済州島に持って帰り、そこに墓を作ってしまった。どれだけ寂しい思いをしたことか……」

〇一年六月に息子と二人で夫の遺骨を返してもらうため、五〇年ぶりに南の地を踏んだ。この時、姑はすでに九八歳だった。

李さんは、話を持ちかけること自体無謀なことだと思っていた。しかし、「お前がわが家の守り神になってくれてありがたい」と言い、遺骨を返してもらえたという。

それから四カ月後、姑が亡くなったと、思いもよらない消息を耳にする。

「いろんな思いが頭をよぎりました。南北分断の歴史と痛みをこれほど身にしみて感じたことはなかったです」

水彩画展に訪れた人々は華麗な絵に関心を寄せていた

七〇歳を前に印刷工場を娘夫婦に任せ、心に余裕ができた頃に絵を描き始めた李さん。八〇歳を迎えたが「青春真っ只中」。人生に引退はない。

「好きな花はコスモスとひまわり。コスモスは眺めていると心がなごむの。ひまわりは焼けつくような色とくきの太さ、夏の太陽にまっすぐ向かって咲く姿がとても印象的で好き。近い将来、故郷の済州道で個展を開いてみたい」

(金明昱)

川崎高麗長寿会の名物歌姫

申貞玉さん

押し寄せる苦労を笑顔で乗り越えてきた
申貞玉さん

娘7人との記念写真。息子は72年に帰国した（96年）

初めて申さんに会ったのは、二年ほど前、とある同胞の居酒屋で。体の奥底から絞り出すように歌う哀切に満ちた朝鮮のメロディーが、何とも言い難い情感を漂わせていた。

もう一回は昨年三月の朝高生の国立大学受験資格をめぐる東京でのオモニたちのデモで。

しのつく雨の中を若いオモニたちの先頭で歩く申さんの力強いシュプレヒコールがこだました。「日本政府は民族学校を差別するな！」。申さんの脳裏には六〇年ほど前、植民地の民として、人間扱いされなかったあの悲惨な体験が重なっていた。「孫の代まで差別を続けるのか。絶対許すものか」。怒髪天をつく怒りがデモに向かわせたのだった。

二歳で渡日

「歌って、踊れる名物ハルモニ」と言えば川崎高麗長寿会副会長の申さんのこと。その記憶は、五〜六歳の頃、大阪・桃谷から始まる。父の故郷は済州島内都里、母は慶尚南道釜山の出身。二歳の時、父の徴用先の大阪に母に背負われて釜山から渡ってきた。

「アボジは戦闘帽やネジなどを作る軍需工場を経営していた。長女の私を女子商業に通わせ、食べるには困らなかった」

しかし、平穏な暮らしは、しのび寄る戦時色によってかき消されていった。学校の歴史の時間に「朝鮮がいかに劣等民族か」を絶叫する教師たち。「それを聞く度に、悔し涙が溢れて……」とまた、目に涙。

女子学生が挺身隊として軍需工場に強制動員されると、申さんは、父の下で働くことに。そんな頃、すでに世界的な名声を馳せていた朝鮮の舞姫・崔承喜の公演に母がこっそり連れていってくれた。「白いチョゴリのこの世のものとも思えぬ気高さ。六〇年の歳月を経てもそのシーンは瞼に焼きついている」。少女の心に生涯「朝鮮民族の気概」が鮮やかに刻みつけられたできごとだった。

敗戦の一年前、一七歳で父の工場で働く五歳上の裁断師と恋に落ちた。父の猛反対を押し切った末に二人は結ばれた。コップに酒一杯飲めぬやさしい夫は、やがて豹変していった。四四年、疎開先の広島で長女が誕生。敗戦前後の混乱の中、大阪、青森を転々とした。

夫の放蕩で家計は苦しくなるばかり。四九年、新天地を求めて川崎へ移り住む。子宝にも恵まれた。四四、四六、四八、五〇、五二、五四、五六、五八年。これが子どもが生まれた年である。末っ子だけが男の子だった。病の夫と子どもも八人を抱えた申さんは、死に物狂いで働いた。

「ドブロクやしょうちゅうを作り、水枕に入れて、朝早くから野毛や東京の巣鴨の屋台に下ろして、帰ってきて、家族一〇人分の食事を作り、今度は寒空の中でパチンコの景品換えもした」。妻の細腕に頼る一家を、戦後の貧しさは長くとらえて放さなかった。

五〇人の一族束ね

六〇年、夫が亡くなった。申さんはまだ三二歳。長女が神奈川朝高一年生になったばかり、末っ子は二歳。「どんなに苦労しても、子どもたちを朝鮮学校に送るんだと思った。他の道を考えたことなどなかった」ときっぱり。昼も夜も働く日々。そんな申さんは、寸暇も惜しまず、川崎朝鮮初中級学校に設けられた成人学校でウリマル（朝鮮語）を習い始めた。「生活に追われウリマルを習う機会もなかった。だから、成人学校で読み書きを教えてくれると知ってどんなにうれしかったか」。

ウリマル習得後は、川崎初中の教育会理事として、学校の財政安定のために

祖国訪問でも歌と踊りを披露した（99年）

心を砕いた。その傍ら、女性同盟川崎支部舞踊サークルを結成、朝鮮舞踊の練習に汗を流した。「せわしい日常の中で、同胞たちとの触れ合いが、私の力の源だった」と当時を懐かしむ。夫を亡くした若い妻が舞踊など、という家父長制から来る風当たりもなかったわけではないが、芯の強さと底抜けの明るさで女一人、逆境を切り開いてきた。

すでに一族は五〇人を越える。我が子八人はもちろん二二人の孫は全部朝鮮学校へ。曾孫一〇人の成長にも目を細める。孫たちは卒業後は教員や朝青、「ハナ」などの専従に育ち、ハルモニによろず相談を持ちかけてくる。それにメールで返事を打ち返すのが申さんの喜びでもある。

二〇世紀に故郷から根を奪われたが、たゆみない献身によって家族を支え、地域同胞たちの揺るぎない信頼を得た。〇三年六月、故郷訪問で亡夫の眠る済州島を訪れた。どんな苦難も笑顔に包む大らかな愛。「民族を守って生き抜いてきた」その歩みは、故郷の人々の祝福を受けるに違いない。(朴日粉)

済州島から
天津、北京、大阪へ

梁寿玉さん

梁さんは01年、56年ぶりに故郷である
済州島・中文を訪れた

部屋に入るとまず差し出されたのは、メディアの拉致報道を批判した記事が載っている月刊誌「論座」だった。「これ読んでる？」と朝鮮語なまりのないゆったりとした大阪弁で話しかけてきた。

成績優秀

梁寿玉さん（87）は済州島南済州郡出身。「この頃、拉致問題、拉致問題いうやろ？　私が乳飲み子だった頃、うちのオモニも日本へ連れてこられてね、私はハルモニが育ててくれたんや」。

子どもの頃、日本人巡査のガチャガチャというサーベルの音におびえた記憶が今も蘇る。

七歳の頃、関東大震災の知らせを聞く。「日本へ行った友達の親が震災で殺されたという話を聞いた。当時日本人が船できて若い女の人をさらってね、その子孫らはヨベチプといってタオルで顔を隠していたよ」。「ヨベチプ」とは「倭船家」の済州島なまりだという。

日本へきたのは八歳のとき。京都で二階の三畳間を借りてオモニと暮らした。「表を眺めていると警官になぜ学校に行かないのかと言われてね、それから学校に通えるようになった」

手先の器用だった梁さんは、学校の代表に選ばれ「天皇陛下に見せる」工作品を作って褒美をもらったこともある。成績優秀、三年から五年に飛び級もした。学校を移り、新しい生活が始まろうとしたとき、めぐりあった歴史の先生は最悪だった。

「三韓征伐、朝鮮虎退治の話ばかりして。本当に嫌な先生だった」

勉強熱心な少女は歴史の時間になると次第にうつむき、心を閉ざすようになっていた。二九年、済州島に帰り、学校には通えなくなった。「毎朝髪を結って、時間割をして、学校のことばかり考えていたよ」。

抗日運動も

済州島では一九三〇年代、青年団、少年団、少女団を組織して抗日運動が果敢に繰り広げられていた。左翼系の先生の指示を受けて活動に参加。怖がりで夜中ひとりでトイレにも行けなかった少女が、いつのまにか星の傾き具合を見計らって浜に出かけるようになっていた。やがて少女の名は知れ渡り、逮捕状が出るまでに。

「駐在所にしょっちゅう連行されて行って、指の間に鉛筆をはさまれて痛い思いもした」という。

そして一七歳で再び日本へ。白衣の看護婦に憧れて、産婆さんのもとで働いた。後に医院へ就職。一九歳で結婚し、戦争が始まると夫と二人で中国の天津に移り住む。「赤紙一枚でどんどん召集される時代だった。日本の『国防婦人会』は『勝った、勝った』とうぬぼれて、市民らは竹箒をぬらして鬼畜米英が投下する焼夷弾の火を消すための練習ばかりしていたよ」。

そこで夫が肺病を患い、ひとり済州島に帰っていった。夫はまもなく死亡。看護婦として働くさなか敗戦を迎えた。

「とたんに立場が逆になったよ。戦争中は日本が威張って、中国人をさんざんな目に合わせてきたから敗戦すると逆になった」

天津から北京へ行く途中、列車で偶然隣に座った日本の軍人が、梁さんが朝鮮人とは知らず「かばんの中に重要資料が入っている」ともらした。内容は「朝鮮学徒兵を前線に送り弾除けに使えという指令」だった。

活動家の妻に

敗戦の翌年、済州島に帰郷するものの戦後の混乱の中、抗日運動で名の知られていた梁さんには逮捕状が出された。やむなく西帰浦を経て日本へ。同胞の紹介を受けて三二歳で再婚する。相手は朝聯の活動家だった。「活動家の奥さん

同志社大学にある尹東柱詩碑の前で。梁さんは故・尹東柱と同い年（左から5番目）

はしっかりしないと。お金もないし、子どもも三人、服の商売をしながら生活したよ」。

自身の一生は「アリ一匹のそれと大して違わない」と話す。「祖国を奪われた民族の惨めさを味わって生きてきた。望みは統一。けれど、生きてる間になるかなぁ……」。

今、自身が読み終えた「論座」や「週刊金曜日」などの雑誌を近くの高校に届けている。「せめてこういう記事を読んで子どもたちを教育してほしい」と願うからだ。

旧西ドイツのヴァイツゼッカー大統領

の「過去に目を閉ざす者は現在にも盲目となる」という言葉を引用して、「ドイツ人は過去の責任を引き受けているが、日本は私が死ぬのを待っている。北京へ向かう列車の中で朝鮮人を『弾除けに』といった軍人の言葉が忘れられない。日本人が過去のことをきちんと知れば差別もなくなるのに」と話していた。梁さんの努力は今日も続く。（金潤順）

1人でどこへでも出かけて行く。写真は朝鮮文化を訪ねる旅（2列右から6人目）

長田の「アカ親分」と親しまれる

金善伊さん

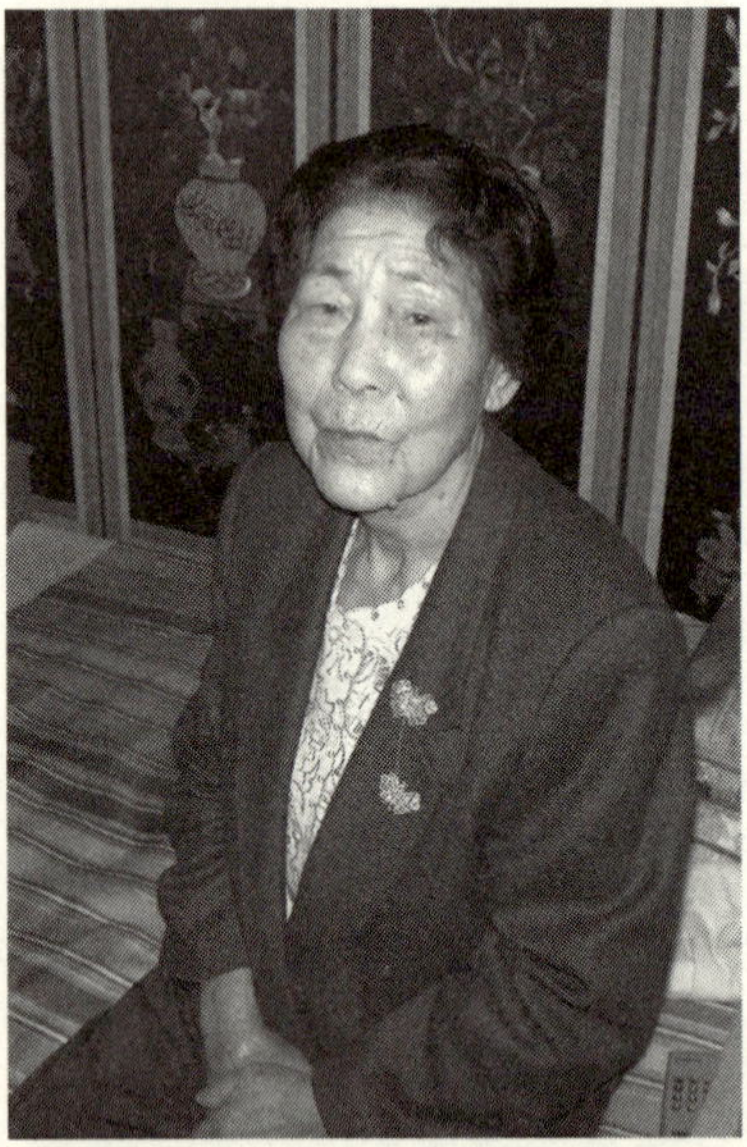

金さんは現在、神戸・長田の集合住宅で
１人暮らしをしている

神戸市長田区の集合住宅で金善伊さん（85）は暮らしている。阪神・淡路大震災の後、下町の住宅密集地域の再開発として建てられた住居である。

「遠いところをわざわざ来てくれてありがとう」と金さんは、自宅を訪ねた孫のような筆者に深々とお辞儀をした。そして、終始、慶尚道訛りの丁寧な敬語を用いて接してくれた。

戦禍の中で

金さんが日本に渡ってきたのは数えで二〇歳（一九三八年）のときだった。結婚を期に夫と共に渡日。戦争が激化していた頃で、日本の女性たちはたすきをかけて戦地へ行く兵隊を見送り、千人針をしていた。空襲が激しくなると、同郷の人たちと名谷に疎開した。乳飲み子を背負い、山道を駆け上がる途中で「目の前に弾丸が降って来て」まさに命がけの逃避行だった。

当時は朝鮮名の使用が固く禁じられていた。しかし、金さんはそれを断固として拒否し続けた。役所に提出する書類に朝鮮名を書き記し、ついには県庁に呼び出されたことも。しかし、そこでどんなに脅されても、金さんはキッパリ断った。

解放を迎え、日本で虐げられていた同胞たちは我先にと帰郷を急いだ。「アメリカが攻め込んでくるから早く帰るんだ！」と実兄は、ゴム靴と洗濯石鹸そして闇市で一枚一〇〇円もする高価な切符を買って金さんを訪ねてきた。

「当時は神戸駅に行って三、四日も泊まらなきゃ切符が買えなかった。買う時には理由を明かさなきゃならなかったしね。父の誕生日を控えていたので、兄は私と夫、二人分の切符を買って持たせてくれた」

しかし、金さんは帰らなかった。帰郷を急ぐ同胞たちを乗せた闇船の沈没事故が相次ぎ、故郷に戻っても生活基盤がない者たちは生きていくのが大変だという噂が回っていた。日本で稼いだお金を持っていくのにも制限があり、金さんは、貴重な切符までをも売って、しばらく日本で暮らす道を選んだのだ。「昔は闇商売で何でもやった。アメリカの砂糖や煙草を手に入れて売りもしたし、

神戸まつりで赤いスカーフを持って踊る金さん（中央）

酒も作って売った。針仕事で生計を立てた時代もあった」と遠い過去を振り返る。

二つの自慢

二六歳で解放を迎え、その翌年、故郷の仲間と朝聯垂水分会婦女部の結成に奔走した。四八年、四・二四教育闘争の時には体を張って学校を守り、朝鮮民主主義人民共和国建国時には厳しい弾圧の中、共和国旗をチマの中に隠し持ち、九州から神戸に入ってきた自転車行進隊の歓迎大会でそれをすばやく翻した。「解放後は、闘争という闘争に欠かさず参加した」というのが金さんの自慢である。

婦女部の活動や闘争だけではなく、金さんは朝鮮新報西神戸分局の仕事も熱心にこなした。同胞密集地域として知られる長田区で、暑い日も、寒い日も、朝鮮新報を小脇に抱え、同胞の家をくまなく訪ねた。購読料もきっちり支払い「朝鮮新報社には借金がない」というのが金さんのもう一つの自慢でもある。

統一を信じて

こうした活動の一方で、総聯以外の同胞たちとの交流にも力を注いだ。「あの人たちは主体思想がないから」と金さんは口癖のように言う。地元では知る人ぞ知る名物人間の金さんは、民団の人たちの間でも「親分」の愛称で親しまれている。中には「アカ親分」と呼ぶ人もいるのだとか。

金さんは、同胞と見れば民団の人であっても「子どもを朝鮮学校に、大人は成人学校に」と声をかけて歩いた。祖国は分断され、日本でも組織間の対立が

第2回総聯故郷訪問団で60年ぶりに大邱を訪れた（中央・右）

激しかった時代のことである。

「おかげで寂しい思いもたくさんした」と言いつつも、金さんは「『中身』のある仕事をしなきゃ。上辺だけのしたふりじゃ何にもならん」と総聯活動家《イルクン》としての醍醐味を話した。

総聯のみならず民団の同胞たちとも広くつき合う金さんには、民団側が推進する「母国訪問」の誘いもあった。しかし、共和国を信じ、祖国統一を強く願う金さんに揺るぎはなかった。金さんが再び故郷の地を訪れたのは、二〇〇〇年「総聯故郷訪問団」の一員としてのことだった。六〇年ぶりの帰郷、恋しい母は帰らぬ人となっていた。

現在は、高齢のため病院通いが日課となっているが、それでも総聯の集いを欠かしたことはない。それは生涯変わらぬ金さんにとっての生きがいなのだ。

（金潤順）

九人の子どもと四九人の孫全員を朝鮮学校に

林申出さん

「夢はいっぱい。はよ祖国統一して、
漢拏山から白頭山にいきたいな」

店の外観。ハルモニの味は息子に継がれ、日本各地に配送される

ＪＲ鶴橋駅（大阪市生野区）の改札口を抜けて数歩進むと、狭い路地にはきらびやかな朝鮮の民族衣装が飾られている店、食器・漢方薬を売る店、香ばしいチヂミを焼いている店、そして食欲をそそるまっ赤なキムチや渡り蟹の漬物などが所狭しと並べられた鶴橋国際市場に出る。

林申出さん（74）が営む「山亀商店」はその一角にある。店の裏手にある「漬け場」をのぞくと、林さんは忙しそうに動いていた。

「何も話すことないよ。小さいときからずっと働き詰め」と笑顔で話す。

関釜連絡船に乗って玄界灘を渡ったのは

一二歳のとき。母親と妹を故郷・済州島に残して、先に日本へ渡っていた叔父を頼り祖母と二人で海を越えた。

「九歳のときにアボジが死んで、そのときから働きっぱなし。壷を背負って山に水汲みに行ってね、今は漢拏山にも水道はあるよ。あのときは三〇分以上も歩いて、時には壷を割ってよく怒られた」

日本の植民地下での生活もはっきりと記憶している。朝八時に家から出て東を向き、日の丸を揚げて、君が代を歌い、お辞儀をしてまた家に戻った。「半分捕虜みたいな生活やな。強制的にそんなことをさせられた。日本の警察に真鍮の食器をみんなパッチョ（差し出し）してな。それで兵隊の玉作るんや。真鍮言ったら丈夫やで。磨いたらピッカピッカになる。三代から四代は使えるもんや」。

日本へ来てからは叔父の工場で働いた。戦況は厳しくなり、天王寺は空襲を受けた。「みんなまっ黒けや。空にはまっ黒な煙がいっぱい広がって、誰かが『風上に行け〜、風上に行け〜』って叫んどった。布団かぶって線路つたって逃げたんや。ホンマ、よく生きてたな」。

大阪では繁華街という繁華街はすべて空襲の的となり破壊された。林さんは空襲を逃れて一時鳥取県に疎開したが、戦争が終わるとまた鶴橋に戻ってきた。

「親もない、家もない、兄弟は死んだ、そんな人がいっぱいや。ただぼーっと座ってる人もおった。一〇歳くらいの子どもは食べな死ぬから物を盗みもする」

日本が戦争で負けたため、朝鮮人を雇用しないケースも多かった。日本人ですら仕事のない時代、叔父の工場では進駐軍の生地を買い取って運動靴を作ったが事業に失敗。かぞえ一七歳で林さんは結婚した。

その後は鉄屑拾い、八百屋をして生計を立てた。夫と二人三脚で九人の子どもを育てる中で何よりの自慢は、子どもたちをみな、朝鮮学校に通わせたこと。四九人の孫たちも全員朝鮮学校で学んでいる。

「民族意識は大切。済州島に行ったとき言葉を話せるから。言葉を知らんな腹が立つ。言葉を知らんと熱もない」

林さんは「国がどないなってても関係ないことあらへんで」と言いながら、故・金日成主席の教えはひとつもまちがってない、主席は亡くなったけど、若い人にその教えをしっかり伝えないといけないと強調した。

「ウリサオプ（総聯事業）はもっとファイト！　やで。統一したらどないするかしっかり考えなあかん。今がんばってるのは学校の先生だけ違うか？　あとはみんな寝とる」と、檄を飛ばす。

少々ぶっきらぼうな物言いかもしれないが、その中に林さんの率直な気持ちが込められている。

「共和国では食べ物に困ってる。見てるだけで辛いんや。みんなで助け合わなあかんで」

鶴橋でキムチ屋をはじめて二〇年経つ。今では息子夫婦が店先に立っている。林さんはキムチが少しでも学校運営の足しになればと、大阪をはじめ兵庫県や和歌山県、愛知県の朝鮮学校のオモニ会にも低額でキムチを分けている。今では噂が噂を呼び、「山亀商店」のキムチの味は、北海道から沖縄まで日本各地

店では定番の白菜、きゅうり、大根ほかチンゲン菜、小松菜のキムチも置かれている

に広まった。宅配便での注文も後を絶たない。

「漬け場」の片隅には、そんなハルモニのキムチを誇らしく思う孫の作文掲載記事（二〇〇三年コッソンイ作文コンテスト金賞「うちの『キムチ屋』、東大阪朝鮮中級学校・黄明史」）が飾られている。

林さんの夢は、「はよ祖国統一して、漢拏山から白頭山に行く」ことだ。（金潤順）

朝大生の前で講演、
学べることは幸せなこと

李 福 順 さん

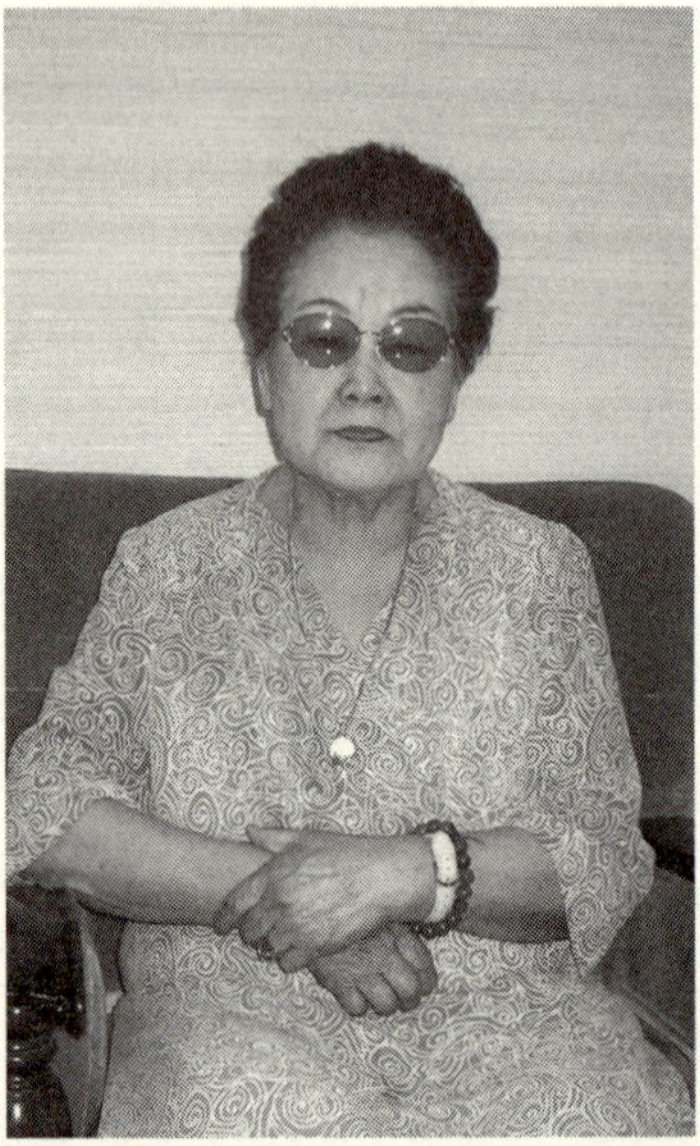

「大学で学べるのは、とても幸せなこと」と語る李福順さん

かつて朝鮮の女性たちは、文字を習うことも、学校へ行くことも、人前に姿をあらわし意見を述べることさえも禁じられていた時代があった。それは遠い過去の話ではなく、われわれの母や祖母の生きたごく最近のできごとでもある。

自分で学ぶ

東京都中野区在住の李福順さん(79)は七月九日、朝鮮大学校(東京都小平市)を訪れ、文学歴史学部の生徒ら一三〇人を対象に特別講演「私と朝鮮古典文学」を行った。「昔、朝鮮の田舎ではひとつの村に文字を書ける人が一人いるかいないかだった。新聞だって一、二部、来るか来ないかだったのだから」と李さんは語る。

故郷は慶尚北道奉化郡。慶尚北道の北部地域は、小白山脈、太白山脈の分岐部にあたり高峰が連なっている。李さんが幼い頃を過ごした奉化郡は、一〇〇〇メートル以上の山々がそびえる慶尚北道一の山岳地帯である。

そこで李さんは山でどんぐりを拾い、それを集めて「ムッ」を作り、市場で売ってお金に替えた。「当時は若い女が市場になんて行けなかった。だから家の者に頼んで、売ったお金で筆を買ってもらった」。

今のように紙も豊富になかった時代、李さんは新聞紙を水で洗い、乾かし、それを数回繰り返してそこに文字をなぞり書いた。「文字と言っても『千字文(漢字)』ではなく『諺文(ハングル)』。誰も教えてくれる人がいないから自分で勉強した。なんで『ᄀ』と『ㅏ』で『가』とわかったかなぁ。それくらい諺文は、女、子ども、千字文が読めない百姓でも読める簡単な文字だった」

同胞のための知識を

その後、李さんは「チャンキ伝」「キムジノク伝」「オリョン伝」などの古典小説を丁寧に紙に書き写した。一三〜一五歳の頃のことだという。今も残る長編小説三冊分をみごとに写した書物に感心しながら、写真を撮ろうと近寄ると、

「筆の持ち方も教わらずに勝手に書いたものだから字もめちゃめちゃ。写真を撮ってはダメよ」と、記者を制した。

一六歳で家族と共に日本へ渡った。「当時は結婚してない若い女は、日本の兵隊のご飯炊きに連れて行かれるという噂があった。今考えるとあれが『慰安婦』だったんだね」と眉をひそめる。

故郷を離れる際に李さんが書き写した書物は倉庫の中にしまってきた。数年前、故郷に戻り倉庫を開けると、当時の書物が大切に保管されていた。「父が紙に油を塗ってくれた」ので長持ちしたのだった。

日本では洋服の仕立て屋をしていた男性と結婚。「根がつくと兵隊に連れて行かれる」危険があったため、家族は一月置きに引っ越した。疎開先の千葉県では井戸水でおしめを洗っていたときに空襲警報が鳴り、防空壕から戻ってくると、おしめもたらいも「穴ぼこだらけになっていた」。

解放後は茨城県・川島の朝鮮人集落で子どもたちに朝鮮の文字を教えた。「小学校二～六年生くらいの子ども七、八人を集めて小さな部屋で、カ、ギャ、コ、ギョと教えたんだよ」。

その後福島県に移り、夫は同胞たちとともに福島朝鮮初中級学校、総聯福島県本部、朝鮮信用組合設立に励んだ。李さんも女性同盟福島県本部の設立に力を注ぐ。初代・委員長に就任。五男二女の母、孫は二〇人にのぼるという。

李さんが独学で学び、書き写した書物を見る学生たち

朝鮮大学の生徒たちに古典文学と自身の経験を語った李さんは、「あなたたちが大学で学べるということはとても幸せなこと。両親に感謝しなさい。隣の人を愛し、同胞のために知識と力を使ってくださいね。よろしく頼みますよ」と話していた。（金潤順）

写真展を開く

――在日同胞の生き証人として

徐 元 洙 さん

いつまでも若々しい徐元洙さん

イラク侵略戦争、武装化する日本。迫り来る次の戦争……。在日歴七二年を振り返りながら兵庫県西宮市に暮らす徐元洙さんは、自国の過去と現在を棚上げにした日本の「北朝鮮バッシング」を痛烈に批判した。

例えば、昨年の自民党政調会長麻生太郎による「朝鮮人創氏改名は、最初は当時の朝鮮人が望んだことだ」という暴言。徐さんもまた、「許可に因リ其ノ名元洙ヲ元一と改名」させられた。

「『許可に因リ』やて！　なにをいうか。日本の当時の為政者どもが捏造した、支配のための口実や」。どの時代においても、権力者は「強制」を必ず「許可」とうそぶくものなのだ。

二四年、慶尚南道金海生まれ。舞鶴鉄道の鉄道工事現場で働いていた父を頼って三三年二月、母と共に八歳で渡日。京都・綾部の鉄橋の下の飯場で荷を下ろした時の寒々として光景が、七〇年経った今でも目に焼きついている。再会を果たした父の「ネクタイのようにやせ細った、みすぼらしい姿」にショックを受けて、口もきけなかった。それ以来、被植民者としての苦難が始まった。

学校に行っても「チョーセン」となじられ、成績がよくても就職すらできない鬱屈とした日々を生き抜いた。

「日本帝国主義は朝鮮を侵略し、あらゆるものを略奪していった。金、銀、銅やら米やら牛やらね。タバコや魚のイワシまで全部巻き上げて日本へ持っていった。でも彼らは当時もいまでもこう言っている。『朝鮮人のために鉄道を敷いてやった』『朝鮮の発展のためにしてやったんだ』とね」

憤懣やるかたない激しい怒り。朝鮮人強制連行を否定、隠蔽し、記録から抹消しようとする不気味な動きが日本列島に渦巻く。

「拉致、拉致と騒ぐが、自らの歴史の暗部を認めようとはしない。『慰安婦』や強制連行という歴史的事実さえ覆そうとするのは、恐ろしい暴力だ。歴史をパッチワークのように都合よく書き替えてはならない」

空襲下でも避難させず

徐さんは「日本人には負けたくない」の一念に燃え、学校を卒業後、朝鮮総督府に一時、職を求めた。そのために金海の実家の祖父母は近隣の人々から白眼視された。「お前の孫は何が悲しゅうて総督府で朝鮮人弾圧のお先棒を担ぐのか」と責められ、家には石が投げ込まれたり、外を歩くと竹の棒で追いかけられたり、小突かれたり……散々な目にあったと後に聞かされた。

しかし、賢明な徐さんは朝鮮民衆の怒りと暴力的な日本の統治の実態に気づき、八ヵ月後には反日運動に目覚め、治安維持法違反で捕まり、神戸刑務所にぶち込まれてしまった。「日本敗戦の半年前や。ちょうどイラク戦争の時のように米軍が毎夜、空爆ならぬ空襲をしかけてくる。アメリカの爆撃機が何十機も連なって襲来し、焼夷弾を落とす。大阪も神戸も西宮、尼崎もみんな焼野原になった」。

神戸刑務所が空襲を受けたとき、殺人、強盗、強姦などの罪で服役中の凶悪犯ですらも四人一組で腰縄をくくって、裏庭に避難させられた。「絶体絶命の状況でも私を避難させてはくれなかった。『国賊』にはその必要がない、言うて。

私のいる部屋が木っ端みじんになっても、あいつらは何の痛みもなかったんやろね。害虫ぐらいに思っていたんやろ」

撮ったカットは二〇万枚以上

そんな苦難を生き延びた徐さん。どんなに辛い時でもなぐさめてくれたのが、カメラだった。三七年、中学生の時、偶然目にしたライカ。羨望と憧れ。カメラの魅力にとりつかれた徐さんは以来六七年間、仕事の傍ら、ひたすら同胞の歴史や家族の日常にレンズを向けてきた。趣味のゴルフも、酒も、たばこも一切やめるという徹底ぶり。その間買い求めたカメラは二二〇台。撮り続けたカットは二〇万枚。いや、それ以上かも知れない。

その中には祖国解放直後の四五年一〇月、故郷への帰還者を乗せ西宮港を出港する「大正丸」の貴重な記録写真などが含まれている。日本の各新聞社にもずいぶん貸し出して喜ばれてきた。

撮影中の徐元洙さん

「忘れられないのは、価値の高い解放前の平壌やソウルの街並みの写真や絵葉書、七千冊に及ぶ朝鮮関係の蔵書を、六三年に祖国に寄贈して、文化相から感謝状を頂いたことです」

昨年暮れ、脳梗塞に倒れ、周囲を心配させたが、いまは全快。九月には元気な足取りで祖国を訪問、平壌に住む次男を感激させた。先週は伊丹市で写真展を開き、在日同胞の生き証人として資料保存にかける心意気を示した。そこに費やしたお金も労力も果てしないが、妻・陸末伊さん（75）は、いつも温かい笑顔で見守ってきた。（朴日粉）

80歳まで自転車こぎ「朝鮮新報」配達

李恩信さん

故郷である光州にはまだ行っていない。「60年ぶりに行くのに手ぶらでは行けないから」と李さん

神奈川コリア文化教室発表会に出演して（後列、右から3人目）

八月の神奈川コリア文化教室発表会のときだった。関係者の一人が、水色のチマ・チョゴリを着ているハルモニを指して、「総聯二〇全大会があったつい先日まで、朝鮮新報の配達をしていた」と教えてくれた。かなりの高齢だが……と、不思議に思っていると、「まわりでは怪我でもしたらと心配する声もあったんだけど、本人がけじめをつけたいからと言って」と説明をしてくれた。

姉を頼って渡日

李恩僖さん（80）は全羅南道光州生まれ。

実家は貧しい農家だった。「朝鮮には二〇〇年も前から米国人たちが宣教活動をしにやってきて、村中の人々は教会に通い、基督教を信じていた。村には年寄りたちが通う分校もあった。夜学の先生は二カ月くらいするとすぐにいなくなったが、今思えばパルチザンのひとだった」と語る。一四歳年上の姉は、米国人宅で家事を手伝いながら勉強した。李さんは学校には通えず、体の弱い母親と祖母を手伝い畑仕事をした。「だから、今でも漢文が駄目。それがとても辛い」と表情が曇る。

日本へ渡ってきたのは二〇歳のとき。中日戦争が激化し、朝鮮では未婚の若い女性たちが「挺身隊」に引っ張られていた。先に東京に来ていた姉を頼り渡日、それからまもなく空襲を受けることに。姉はふたたび「朝鮮へ戻ろう!」と言ったが、李さんは断った。理由は、「水道とガスがあったから」。「あの頃は若かったからそっちの方が良いと思った」と、照れ笑い。その後すぐに結婚したが、二度の空襲で二回とも家が焼けた。乳飲み子を背負い、千葉県に疎開。お乳が出ずに片栗粉を溶いて飲ませもした。

夫は監獄に

戦中・戦後も生活苦は変わらなかったが、いくら貧しくとも、子どもに「教育だけは受けさせたい」と強く願っていた。朝聯の活動家だった夫は昼夜活動に飛びまわり、家にはほとんど戻らなかった。「上の子どもが中学校に上がるとき、朝鮮学校に通わせたいのに定期券代がなかった。それで神奈川県に引っ越した」。四畳半一間で五人暮らし。夫は朝鮮戦争を反対して監獄に入れられた。「朝聯、民戦は強制解散させられたが、女性同盟は健在だった。夫を取り戻すため闘った」。

子どもを抱えて生活するため、草加せんべいを作り、土方仕事に汗も流した。「土方をやってもらった喘息」を李さんは今も患っている。五九年の定期大会を期に、女性同盟の専従として働くことに。帰国事業が始まって、一七歳の息子が帰国した。「お金がなくて、新潟まで行ってやれなかった。にぎり飯一つ持たせてやれなかったことが今も胸に残ってる」。

長年の本部や教育会での専従活動を終えて、顧問として支部事務所を訪れたのは六〇歳のときだった。山積みにされた新報や画報が、トラックに積まれてごみ処理場へ送られる現実に怒りを覚えた。

「新報を一度も読まない同胞が、総聯の会費を出すと思いますか？」

雨の日も、風の日も

その日から李さんは、分会には直接配布し、その他は帯を刷って郵送する作業を地道に続けてきた。朝鮮新報の配達をして一四年。雨の日も、風の日も、「より早く、より多くの同胞たちに祖国と組織、同胞たちの声を伝えるため」李さんは新報を配達し続けた。

雨の中、自転車に乗って配達している途中、車と接触するなど四度の交通事故にも遭遇した。「雨の日に、自分は濡れても新報だけはぬらさない」李さんの懸命な姿は、地元では知らない人がいないほどだ。その献身ぶりは、朝鮮中央放送や平壌放送でも取り上げられた。

李さんは、「若い人たちを見ると頼もしいと思う。こんなに立派な若者たちを、同胞のオモニたちが育てたと思うととても誇らしい。文字もわからなかった女性たちが成人学校で学び、朝鮮新報を配り続けた日々がこのためにあったのだ」と確信する。

この夏、八〇歳で「定年退職」した李さんは、長寿会のコーラスサークルや温泉旅行などで長年の苦労を癒している。（金潤順）

第13回世界青年学生祭典に南朝鮮から単身参加した全大協代表・林秀卿さんと（89年7月、平壌）

ヘルパー2級、
高齢者を介護

康 好 仁さん

ピアノもダンスもプロ級の康好仁さん

あと四カ月で、八〇歳。しかし、この人には「高齢者」という言葉は似合わない。ヘルパー2級の資格を取って、日々、老人や障害者の介護に励む現役。趣味のピアノで世界の名曲を弾きこなし、ソシアルダンスは何でもOK。外国旅行はどこにでも一人でブラリと出かける。書は四段。朝鮮刺繍もプロ級の腕前で、居間に飾られている朝鮮虎は立派な芸術作品だ。

こんなに若々しく、エネルギッシュな日々を重ねる女性同盟東京都豊島支部顧問康好仁さんの人生の扉を開けてみると——。

上海租開地生まれ

康さんは、一九二五年一月三日、上海のフランス租開地で生まれ、五歳までそこで育った。

「当時としては非常にモダンな暮らしぶりだった。朝はオートミール、昼はパン食。五年後に帰国して朝鮮であわのご飯を食べた時は口に合わず困った」

父は著名な民族主義指導者・夢陽呂運亨先生と行動をともにした愛国者崔鉉氏。ソウル中央高等学校を経て上海に留学、その後上海臨時政府の機関紙「独立新報」の主筆の重責を担った。母・崔聖三さんも梨花堂(現・梨花女子大学)を出た近代女性。郡の顧問として働く傍ら、日本帝国主義によって、投獄された夫の代わりに、家を守り、子どもたちをたくましく育てた母だった。

いわれなく押し寄せてきた「皇軍」を追い払うために内外で命を賭して戦った独立闘士たち。父もまた、上海の呂運亨先生のもとで、植民地支配に抗い続けた一人だった。

「私はまだ、幼かったが、上海の当時の雰囲気や父が英語を流暢に話したことなどをよく覚えている。金奎植、安昌浩、中采浩などの名前はよく聞いた。二九年、呂運亨先生が上海で日本警察に逮捕され、朝鮮に連行された時、父も新義州の刑務所に投獄された。この事件をきっかけに家族で故郷・平安北道雲山郡城面に帰ることになった」

初めて見る祖国。父は自作農の、経済的には恵まれた家庭で育った。父が出獄するまで、家族は日本巡査の厳しい監視下に置かれていた。「秋になると裏山に榛やツルバの木の実を取りに行き、貯蔵して、おやつ作りに励んだり、たきぎ拾いに行ったり。紅葉の美しさと冬の水墨画のような景色が今も目に焼きついている」。三一年、雲山小学校に入学。この年、満州事変が勃発、朝鮮の民は日本統治下でますます困窮を極め、口では言えぬ暴力と辱めを受けていた。

「村でも普通小学校に入学したのは、私一人。ほとんどの子どもは書堂に顔を出すのがせいぜい。ましてや、女の子に教育させる家はなかった」

出獄した父から買ってもらったピカピカのランドセルを背負って、真新しい革靴を履いて学校に通う康さんを、村中の人たちが好奇な目で見つめていた。「学校でよく革靴を隠されたり、踏みつけられたりしたので、靴を袋に入れ背負って勉強したこともある」。

三六年、平安北道のキリスト教系の宣川保聖女学校に入学、鐘撞きなどのアルバイトで学費免除を受けながら卒業。「ここでピアノやリズム体操などをみっちり習い、スポーツの楽しさを味わった。全寮制のため、シラミにも悩まされた」。

卒業後、長津三浦里国民学校教師として三年を過ごしたが、勉学の夢断ちがたく、四三年に梨花女子大専門部に入学、解放の年の三月に卒業した。

その後、ソウル外国語大学に合格したが、四男四女の長女の康さんは弟たちの進学のために勉学を諦めざるをえなかった。

電気拷問まで

祖国の解放。風雲急を告げる時局。呂運亨先生は四六年一〇月、平壌を劇的に訪れ、金日成将軍と会談した。しかし、呂先生は翌年七月ソウルの恵化洞ロータリー付近で、狂信的なテロリスト韓智根の凶弾に倒れた。すでに南朝鮮労働党財政部に職を得ていた康さんは、米軍政とかいらいの手によって逮捕され、電気拷問まで受けた。「徹底的に敵視された私たち家族は地下活動に転じ、翌年、同志と結婚した私は日本へ、ソウルの西大門刑務所に収監されていた両親と妹弟は朝鮮戦争勃発と同時に人民軍に救出され、入北したのです」。

すぐ下の弟・崔輪さんは金日成将軍の直接の指示の下、モスクワに留学、高分子化学を学び、後に咸興化学ビナロン工場で李升基博士と共に働き、祖国の軽工業発展に尽くした。

康さんは日本に来てからも、運動に身を捧げた。四人の子どもを育てながら、六〇年に女性同盟豊島支部副委員長に、六四年には同新宿支部副委員長に就任。夫との離別など決して順風満帆ではなかった私生活。そのすべてを胸に収めた、前向きで人に頼らぬ生き方は、地域の同胞女性たちの共感を呼ぶ。（朴日粉）

知的障害者と歩む
人間探求の道

釋 弘元 さん

妙香山の寺院の前で記念写真を撮る釋夫妻
(01年8月)

東京から高速バスで約二時間。富士山麓に広がる美しい芝桜や新緑の緑がまぶしい。静岡県富士見市に知的障害者を第二本尊とする宗教法人弘願寺・聖霊教会の住職であり牧師の釋弘元さん（82）を訪ねた。

この寺は今年四月に創立二五周年を迎えた。釋さんが建立したもので、現在、夫人で僧侶でもある鳳順さん、清僧と呼ばれる知的障害者三人と富岡大修師が求道を共にしている。

若い頃から仏の道、人間探求の道を求め続けてきた釋さんが、「仏はどこにいるのか」という大疑団をいだいて、全国行脚の途に立ったのが二〇数年前。

「宗教団体の教祖、教主といわれる人に会ったのは二〇〇〇人以上。さらに韓国での三週間で八万四〇〇〇回に上る『五体投地』、日本でも寺院だけでなく、全国三六カ所の刑務所、身障者施設の慰問も続けた」。しかし、釋さんの心は満たされず、もどかしさが消えることはなかった。そんなときに、出会ったのが奈良のある少年だった。

「知的障害者の施設で暮らす一六歳の少年が、私の生き方を決めた。その少年が部屋にあった鉢植えの花を指して『お坊さん、花が笑っている。僕は、あの花をもっと大きくしてやりたい』と言って、花の茎を持って引っ張ろうとする。私は驚いて『それを引っ張ると花が折れて、死んでしまうよ』と言った。これだけの会話だった。私は雷に打たれたような衝撃をうけた。こういう純粋な心を持った人たちと一緒に暮らすことによって、自分は第一本尊のイエス、釈迦、老子の世界に入ることができるのではないか――」。以来、知的障害者を第二本尊として迎え、求道の師弟として歩んだ道。

「私は日本の植民地支配によって、ふるさとも家族も長い間失った人間だ。清僧といると母の胸に抱かれたような安堵感を覚え、心が洗われていく思いがする。宗教者の真の役割は生命の尊厳を守りぬくこと。釈迦にしても、キリストにしても、社会の中で最も弱い苦しむ人々に寄り添い、救ってきた。しかし、今も障害者への差別は根が深い。肉親にすら省みられない人たちの何と多いことか。私はこの人たちと共に生きて、命ある限り彼らを守りたい」と熱く語る。

富士の霊峰を白頭山に見立てて

弘願寺をなぜ、富士山麓に建立したのか。高速バスから見える頭に根雪を冠った富士山を見ながら、記者は「きっとそうだろう」と確信めいたものを感じていた。それは釋さんが、朝鮮北部の港町・城津（金策市）で生まれ、白頭山の麓、茂山で育ったのと大いに関係しているのでは、という思いがあったからだ。釋さんは記者のひらめきをあっさり認めた。「民族の聖山、白頭山の息吹を感じて育った私にとって、白頭山を思い描くだけで、涙がとめどなく流れるのを押さえることはできない。私にとって、母であり、命そのもの。故郷を離れて七〇年になるが、一日とて忘れたことはない。今すぐには帰れない故郷のすぐそばにいたいという願望が、この地に寺を建立させたのだ」。

釋さんは一九二二年生まれ。漢方医の父のもとで、何不自由ない幼年期を送っていた。目の前に広がる白頭の秀麗な山容。そして満開の朝鮮つつじ。遅い春を待ちかねて広い野原を駆け巡る子どもたち。これが釋さんの原風景である。

「幼い私を膝に抱いた母がよく話してくれたのは、独立運動のこと。『白頭山に金日成将軍の率いるパルチザンがいる時は、天池の水は鏡のように穏やかで、空は天高く晴れ渡る。しかし、日本の守備隊が来ると、白頭山にたちまち雷鳴が轟き、激しい雨に見舞われる』と」

釋さんが生まれた頃は、韓国併合から一二年が経ち、日本の武力支配は朝鮮北部の小さな町の隅々まで及んでいた。「(日本人)巡査が来るよ」と言えば、たちどころに泣く子を黙らせることができた。

やがて、普通学校へ。そして、ある事件に遭遇した。

「国史の時間に、日本人校長が伊藤博文の暗殺事件についての説明の一文を読んだ。――満州ハルピンにて安重根が群衆の中より博文公に発砲――。その時、『アジョッタ(良かった)』と後列の生徒が机の下で手を叩きながら、甲高い声で叫んだ。それにつられて、教室のあちこちで、『アジョッタ』『アジョッタ』の声が上がった」。一〇歳にも満たぬ釋少年に、民族の抵抗の精神が刻まれた一瞬であった。

父の医業は繁盛し、自費で簡易学校を創立し、里長にもなった。そんな父からの厳命によって、釋さんの運命はやがて暗転する。

「男尊女卑の儒教の名残りなのか、やっと一一歳になったばかりの私は七つ年長の村の娘と結婚させられた。それが嫌でついに家出して、満州に渡って勉学の道を歩むことにしたのだ」

満州、ソウル、東京、ニューヨークで勉学

思えば遥かな過客の旅はここから始まった。その後、満州や東京などを転々として苦学。解放後はソウルの檀国大学を卒業。台湾政治大学、東京大学大学院で宗教学を学んだ。しかし、ソウルに戻った途端、ＫＣＩＡにスパイ容疑で連行された。すべての職を失い、屋台を引いて、当座をしのぐことに。一年後に潔白が証明され、明知大学教養研究所の部長に就任した。続いてある高僧か

ソウルの光化門前での反戦デモにも参加した

ら政府高官に推挙された。

しかし、これをきっぱり断って、政治家の道を捨て、出家した。そして七一年、来日し駒沢大学の仏教学博士コースに学ぶ。以後、居を日本に移す。

「植民地時代に受けた民族差別。家族との幼い日の別離。南北の分断の悲劇。これらが脳裏に浮かんだ時、私はむなしかった。私は自分の幸せだけに生きている、何という利己主義的な生き方をしたのかと。私は自分自身が救われ、そして人を幸せに導く人間になろうと固く決意した」

八〇年、弘願寺を建立し、さらに八九

年にはニューヨークへ飛んで、神学大学に学び、牧師となった。そして、〇一年、ついに懐かしき故郷へ。じつに約七〇年ぶりにその懐に抱かれたのだった。

「これで私の放浪の旅にもやっと終わりが来た。金正日総書記は『我々式に生きていこう』と語っておられる。私もこの言葉をはじめて祖国への旅で知って、心から共感するものがあった。人々は貧しさに負けないで、明るく楽天的に生きていた。故郷のために何にもできなかった私だったが、祖国の人々の愛に触れ、

釋さんの80歳の祝いと夫人の還暦祝いを開いてくれた故郷の家族たち（2002年4月）

ただ熱い涙が滂沱のごとくあふれ出た」

今、釋さんは清僧たちと共に福祉寺としての寺の面貌をより充実させたいという夢を語る。「同胞たちにも是非、ここに来てもらいたい。もし、悩みを抱えている同胞がいたら、共に分かち合いたいと思う」。

数年後には、同じような福祉寺を白頭山麓に造りたいと情熱を燃やす。もちろん、その時は夫婦で故郷に骨を埋めるつもりだと、破顔一笑した。（朴日粉）

朝鮮の土の香りがする舞踊を求めて

任秋子さん

任秋子さん

圧制と過酷な受難にうちひしがれていた暗黒の時代、朝鮮民族に生きる希望と勇気を与えた芸術。不世出の舞踊家崔承喜の舞台は、人々の脳裏にこのように記憶され、衰えを知らぬ生命の輝きを放っている。

今年舞踊生活五〇年を迎える在日の朝鮮舞踊と振り付けの草分け任秋子さんの舞踊との出会いも、伝説的な崔承喜の存在によって導かれたものだった。

川崎で空襲にあう

一九三六年、名古屋市に生まれた任さんは、日本の敗色が濃厚になった四五年初め、故郷への引き揚げの支度をして、両親に連れられ、列車で川崎の大叔父宅へ別れのあいさつに向かっていた。

「ところが、空襲が激しくなって、列車の運転も打ち切りになり、命からがら大叔父の家に逃げのびて、結局、そこで荷を下ろし、祖国解放を迎えた」。この運命のいたずらが、後に少女を朝鮮舞踊へと開眼させていく。それからまもなく始まった寺小屋のような朝鮮学校（現在の川崎市溝ノ口にある南武初級学校）の学芸会でいつも喝采を浴びて踊る任さんの姿があった。

そんな姪の踊りに目を止めた叔父は本格的に朝鮮舞踊を習ったらどうかと熱心に勧めた。「一度観た崔承喜の舞台に心を揺さぶられた叔父はその印象について、踊りと血管のすべての中に、民族愛がほとばしり、その温かい民族の血潮が強い原動力となって、植民地下に生きる同胞たちに『諦めるな、生きよ！』と励ましているようだったと私に何度も語っていた」。

単に美しいだけではない舞。激しく心の奥底を揺さぶる深い民族性。そして時代と国境を越えた排他的ではないのびやかな魂のふるさと。崔承喜の踊りに魅せられた叔父の話に一〇歳の任さんはいつの間にか虜になっていった。

しかし、まだまだ芸能への偏見が強い時代。任さんが「朝鮮舞踊を本格的に習いたい」と打ち明けても、父は烈火のごとく怒り許してくれない。「踊りは酒席の添えもの、妓生がやるもの」と取りつく島もない。困った任さんは叔父に口添えを頼み、やっと許しを得た。その代わりに父から一つの条件が出された。「どうせやるなら、崔承喜のようなすばらしい『朝鮮の舞姫』になりなさい」と。

民族心の強い父は、酒を飲むと故郷を思い涙を流しながら「アボジは日本には勉強に来たのに、徴用に取られ、酷使された。本当は金日成将軍の下に駆けつけて、祖国解放のために戦いたかった」と述懐するのが常だった。父の悔し涙は、娘の心をまだ見ぬ故郷への愛で浸していった。

「魔物にとりつかれ」

東京朝鮮中高級学校入学とほぼ同時期に崔承喜も学んだ自由ヶ丘の石井漠舞踊研究所に通うようになった。幸運にも家の側を通る東急田園都市線が研究所と朝鮮学校を「踊りのレール」で結び、少女の夢を育んだ。レッスンに明け暮れる日々が以降半世紀続く。

「まるで舞踊という魔物に取りつかれた」かのように、任さんは創作舞踊、クラッシックバレエ、モダンバレエ、民族舞踊などジャンルを問わず貪欲に吸収していった。

朝鮮中高級学校では南から密航し、一時日本に滞在していた鄭舞燕さんから朝鮮舞踊の手解きを受けた。人前で踊る機会も増え、朝鮮舞踊だけでなく、イタリアオペラの来日公演の舞台にも立った。

「でも、何かが違った。青春の、体の五感が叫び声をあげるような民族の踊り、力、その無限なエネルギーのすべてが、私にはまだ足りなかった」。独創的であろうとする苦悶が任さんを苛んでやまなかった。

今でこそ、朝鮮民主主義人民共和国の洗練された舞踊をいつでも学び、時には祖国の舞踊家に師事することもできるが、当時はテープ一本、本一冊すら海峡を越えるのが困難な閉ざされた時代。

そんな時、南から来ていた崔承喜ゆかりの舞踊家趙沢元さんと出会った。李承晩政権に追われる身だったが、異郷で何とか朝鮮舞踊の神髄を身につけようと格闘する任さんを見込み、伝統舞踊を伝習した。そんなある日、任さんは師からヨーロッパ、米国公演への誘いを受けた。あこがれの芸術の本場へ。二〇歳の任さんの胸は高鳴った。

だが、当時朝鮮籍では外国に出るのはほぼ不可能。娘に父は言った。「民族を捨てるくらいなら踊りなんか捨ててしまえ」と。この強烈な一喝が任さんの迷いを断ち切った。

父の激しい怒りは、任さんの中の眠っている「何か」を揺さぶった。それは技術とか、踊りの型ではない、それ以上に大切な「誰にも譲れぬ朝鮮人のプライド」だった。ヨーロッパ行きを断念した任さんに師はこう諭した。「もう、君に教えることはない。君と私は進む道が違う。君は信ずる道を進みなさい。私も陰ながら応援を惜しまないよ」と。

決心を固めた任さんは翌年、「任秋子朝鮮舞踊研究所」を旗揚げ。五七年、二一歳の旅立ちだった。この朗報は同胞社会を瞬く間に席巻、朝鮮舞踊を愛する女性たちが競って門を叩いた。たちまち門下生は一〇〇人ほどに膨れ上がった。

帰国第一船迎えて

充実した日々。一方その頃、在日同胞帰還事業の熱気が日本各地に渦巻いていた。五九年一二月には、ついに帰国第一船が降りしきる雪の中、新潟埠頭に着岸。

「あの日のことは忘れもしない。巨大なソ連船の遠影をはるかに見ながら寒風の中、薄いチマ・チョゴリに身を包んだ私たちは、歓迎の踊りを始めた。雪が積もり、足はびっしょり濡れて、手足は冷たく、全身は凍えるようだった。私たちは余りの寒さに感覚を失っていたが、『祖国』を間近に見る喜びと興奮でいっぱいだった」

帰国船の往来は、祖国の息吹と朝鮮の躍動する舞踊の消息をもたらすことになった。崔承喜が書いた手引書「朝鮮舞踊基本動作」が日本に届き、六一年には基本動作を収めたフィルムが平壌から送られてきた。

六二年、任さんの研究所は解散、在日朝鮮中央芸術団に加わってその舞踊部の中で新たなスタートを切った。そして、この頃から帰国船の中で祖国の舞踊家に在日の舞踊家数人が直接習う道が開かれた。「『扇子の舞』『巫女の踊り』『溶鉄が流れる』『寺堂の踊り』『天女の舞』など、当時、世界青年芸術祭で金賞に輝いた夢にまで見た『幻の作品』を次々に習った。その時の喜びは言葉には言い尽くせない。言葉より雄弁な祖国の温もりだった」。

最も愛着をもつ作品「寺堂の踊り」(63年)

「長年探し求めていた本物」にようやくたどりついた無上の喜びが、任さんを包んだ。「近代舞踊の基礎の上に花開いた朝鮮舞踊は、世界の舞台芸術の中で最も洗練されたもの。一日も早く習得して、同胞たちに民族の香りを届けたいと痛切に思った」。

「孤独な闘い」の日々

六五年、任さんの情熱と研鑽に対し、初の功勲俳優称号が授与された。この年には私生活でも喜びが重なった。神戸朝鮮中高級学校の教員だった鄭利信さんと結ばれ、頼もしいパートナーを得ることになった。二九歳。

「豊年の踊り」（創作、舞踏とも任さん、64年）

「夫は大変だったと思う。当時は年二〇〇回ほどの地方公演もあり、半年間家を離れるのは普通のことだった。夫と実家の母、姉妹たちが、本当によく子どもたちを世話してくれた。感謝してもし尽くせない」と任さん。九七年、金剛山歌劇団を退団するまで約五〇〇〇回の公演をこなした。夫はそんな妻を公私共に静かに支えてきた。

振り返れば泣いた日もある。ある日、高三の息子の一言が胸に突き刺さった。

「オモニ、もうそれだけやれば十分じゃないか。アボジと俺たちにいつまで迷惑かけるんだ」

その時、夫は息子の心に向き合い「今はつらい時もある。我慢しなくてはいけないこともある。でも、いつか、オモニを誇りに思える時がきっと来るよ」と諭した。

朝鮮舞踊の高峰をめざして「孤独な闘い」を続ける妻を理解すればこその言葉だった。

後進の指導に心血

七四年に初めて祖国訪問。あまりの感激に船から降りてすぐ朝鮮の大地にぬかずき、土をまず手に取った。今でもその土は任さんの部屋に大切に置かれている。「民族舞踊は土の匂いがしてこそ本物だと思うから」。

金日成主席と金正日総書記が観覧する舞台にも立ち、人民俳優の称号も得た華やかな芸歴。現在は任秋子民族舞踊団を設立し、後進の指導と作品の創作に心血を注ぐ。そんな日々を潤してくれるのは、孫の麗奈ちゃん（8）。「将来はハルモニのような舞踊家になりたい」とキッパリ。

「踊りは民族の心を表現するものであり、私の人生そのもの。毅然と生きてこそ、踊りが輝く。若い人たちには、是非そのことを伝えたい」。今なお現役の、舞踊人生一筋の心意気。（朴日粉）

昨年開かれた舞台「歌と踊りのコラボレーション・絆《きずな》」で踊る任さん

地域医療に骨身削った日々

金萬有さん

今年(04年)、卒寿を迎えた金萬有さん

小柄な体にみなぎる比類なきエネルギーとパワフルな発想力で、激動の時代を駆け抜けてきた。九〇歳。東京都東部地域の基幹病院でもある西新井病院の創設者・院長、平壌の金萬有病院の名誉院長、さらに金萬有科学振興会理事長……。

米寿を迎えた二年前も平壌に出かけ、金萬有病院を視察し、三年前には六六年ぶりに故郷・済州島へ。

「昨年五月は西新井病院の創立五〇周年を迎えた。また、付属の高齢者介護施設『むくげのいえ』も竣工して、ますます忙しくなった」と満面の笑みを浮かべた。自宅の居間に飾ってある完成予想図を見ながら、今からわくわくと待ち遠しい様子。

「負けるものか」

振り返れば、一八歳で渡日。受難の二〇世紀と格闘した力強い足跡。その生き方を人は「怪物のような」とか「猛烈な登攀《はん》のような」などと畏敬をこめて語るのだ。

苦闘の人生を共に担った妻の辺玉培さん（80）があるエピソードを披露してくれた。

「九歳の時、島の小学校に入学したのだが、授業が簡単過ぎて、学校が面白くなくなり今でいう登校拒否。それで、すぐ飛び級して二年生に。その頃、クラスのかけっこでビリになって、先生にムチで叩かれたそうです。今でも時々思い出しては『あれは痛かった』と言うんです」

後の波乱含みの人生を暗示させるエピソードではないか。村一番の神童と呼ばれた少年に先生は、愛のムチを施し、生涯その身に痛みと共に「負けるものか」という不屈のチャレンジ精神を刻みつけたのだ。

「小学校を五年で終え、ソウルに出て中学に入学。でもお金がなくて栄養失調になり、化膿性肋膜炎や腸チフスで入院を繰り返した。留年したが、結局またも飛び級で三年で修了した」

一七歳。高校に入学したが、血気盛んな金少年は日本の侵略を糾弾する反日ビラを配布して逮捕され、約二年間の獄中生活を強いられる。「さかさに吊し、バケツで水を飲まされる。木刀でぶん殴られる。『貴様ら生かしておくわけにはいかん』と日本人特高警察の拷問は酷かった」。

しかし、ここでも屈せず、耐え抜いた。服役後、故郷に戻るが、政治犯には徹底した尾行がつき、就職も勉学の道も閉ざされた。「ならば」と玄海灘を渡った。偶然受けた東京医専（現・東京医科大学）に見事合格。教授の講義をメモして、それを学友たちにプリントして配り、学費を稼いだ。学生結婚してからは生活費にも回し、仕送りもない窮状を機転と才気でしのいだ。

本物の「赤ひげ先生」

医師になった後、聴診器を置き、一時愛国運動に熱中したが、五三年に西新井病院を創立。以来、地域医療に最善を尽くしてきた。

1984年、平壌の金萬有さん、病院を視察

「地元の銀行員の不治の病を治したことであっという間に評判が広がり、その銀行の理事長が病院建設協賛会長になった。地元の名士や同胞たちも一丸となって、地域で一番大きな病院の出帆を助けてくれた」

病院創立からの看護師で、後に総婦長として金さんを約半世紀も支え続け八三歳で退職した佐藤かね子さん(86)は、人間・金萬有の素顔をこう話す。

「今はもう見ることがほとんどない本物の『赤ひげ先生』です。急患が来たら疾風のように駆けつけて一生懸命診る。当直医がいない時代には、一カ月連続で当直もした。往診にも毎日出かけた。人間そのものを大事にし、骨身を削って多くの命を救った。あっという間の五〇年間だったが、一緒に働けて幸せでした」

七七年には二億円の私財を投じて金萬有科学振興会を発足させた。「在日同胞科学者からノーベル賞を」と次代に夢を託す。この二五年間、三二九件の優れた研究実績に対し、総額二億円以上の助成がなされた。

「同胞科学者たちは殻に閉じこもらず、大きくはばたいて欲しい。民族性、つまり個性、伝統、文化、生活風習を大切

99年ニューヨークを訪問した夫妻

にして、インターナショナル、地球主義でいこう、と言うことだ」

異国の過酷な状況の中で、「無」から「有」を生み出した金さんの夢は、八六年、金日成主席の配慮の下、平壌に東洋一のスケールで総合病院をオープンさせ、大きく花開いた。

終身現役の類まれな情熱と献身の半生。今夏、東京都内のホテルで開かれた卒寿を祝う会で、梁守政在日本朝鮮商工連合会前会長がその歩みを「われわれの宝」だと称えると、会場から惜しみない拍手が送られた。（朴日粉）

あとがき

遥かな故郷、愛する肉親との生き別れ。互いの身に別々の歳月が流れた。過酷な日本の植民地支配を生きて、渡日した朝鮮の女性たちがいた。歴史に名をとどめることのないごく普通の女性たちだった。娘として、妻として、母として、働く女として歩んだ様々な女性たちの苦難の物語が一冊の本になった。

書名は『生涯現役――在日朝鮮人　愛と闘いの物語』。朝鮮新報連載時のタイトルは「生涯現役」。本書は朝鮮新報の九九年一〇月からの大衆紙改編に当たって生まれたシリーズ「語り継ごう二〇世紀の物語」の続編に当たるもので、読者の反響も大きかった。「社会の底辺や日の当たらない場所で生きていながらも、いつも祖国と民族に熱い思いを寄せて生きてきた在日同胞一世の女性たちに光を当てたい」と取材を始めたが、読者の推薦も多く、結果的に男女共に取り上げることになり、二五人の人たちが登場した。

出た人たちの話は、みな波乱万丈という言葉では言い尽くせないものばかりだった。強圧を受けながら、決して折れることなく耐え抜き、生き抜く生を語った。そして、半世紀以上も胸に封印していた「恨」を一挙に吐き出しながら、それを子や孫に伝えたいという強い願いがあった。彼らから受け取った歴史のバトン。それを私たちはどう生かして行くのかが問われていると思った。祖国を奪われ、絶望的な運命に翻弄されながら、屈せず力強く生きた同胞の物語。すべてのハルモニたちが、わが母のごとく、愛しく、美しかった。


戦争と女性たちへの暴力に満ちた二〇世紀が過ぎ、新世紀はアフガン、イラク侵略戦争から始まった。夥しい人々が死に、多くの難民が中東やアジアを流浪している。今まさにこの時、ハルモニたちや苦労した同胞一世の記憶をしっかり受け止め、記録することが大切だと思う。

「自然的時間」との競争の中で、決して諦めず、地道に努力して「事実を積み重ねる」努力を、自分の持ち場で続けたいものである。そう考えて始めた聞き書きが二冊目の本となったのは嬉しい限りである。しかも、年若い金潤順記者が共に取材に当たったことは、一世の歩みを後世に伝えていく上でも大きな意義があると思う。

人は誰でも他人が踏み込んではいけない「記憶の古井戸」を持つ。思い出したくない記憶もあろう。それを語るのは非常に勇気がいる。同時に、勇気を後押しする周囲の支援も不可欠であろう。ここに登場した女性たちの記憶を民族史、女性史の記憶として共有し、学ぼうとする次世代の存在こそ、彼女たちに大きな勇気と励ましを与えるのである。

また、本書にはハンセン病と長く闘った李衛さんの半生も取り上げた。ハンセン病国家賠償請求訴訟原告団の事務局長として、二〇〇一年、熊本地裁で全面勝訴の判決を勝ち取った人である。身の毛もよだつ差別と過酷な運命を耐え抜いたその半生を支えたのが、若き日に読んだ「朝鮮の女性パルチザンの話」だったと李さんは語った。その話を伺いながら、涙を押さえることができなかった。人間の精神の強さ、深さについてこれほど教えられたことはない。

歴史の光が当らない場所で黙々と誠実な日々を重ねる同胞たち。とりわけその多くは女性たちであり、社会的に疎外されてきた人たちである。新聞記者として活動する上で、いつも目がいくのは、こうした人たちであった。この人たちの話を聞いて、在日同胞の歴史をもっと豊かなものとして、生き生きと描けないかを常に考えてきた。今日の朝鮮料理ブームを作り、支えてきたのは、一体誰か。故郷の伝統の味を日本でも伝えた朝鮮の女性たちであろう。本書にはキムチ一筋の道を歩んだ女性たちの思いにも触れた。

また、拉致問題が騒然とする中でも、黙々と日本の強制連行被害者の遺骨探しに取り組み続けた筑豊の裵来善さん。この国に眠る同胞たちの血と涙の歴史は、日本政府による真相調査も謝罪もないまま、また、新たな歳月を刻み続けている。

女性史の試みは、この二、三〇年ほどの間に方法論上の大きな転換が行われた。それまでが「男によって書かれた女についての歴史」だとすれば、女性自身が抑圧され、封印された過去を取り戻し、語り出したということで決定的な転換が起きたのである。その最大の課題が「沈黙の声」にいかに耳を傾けるか、ということであった。女性史において、オーラル・ヒストリー（口承史、聞き書き、インタビュー）がいかに重要な役割を担ったかは言うまでもない。そこでは口頭の証言が非常に意味を持つ。

しかし、今また日本では過去の辛い体験さえ語らせない大きな力が再び台頭しようとしている。被害の記憶そのものが「隠蔽、否認、歪曲、抹消といった暴力にさらされている」（高橋哲哉・東大助教授）時代でもある。侵略戦争を正当化しようとする政治家、閣僚たちの相次ぐ妄言は日常茶飯事の風景である。

こうした動きに異議申し立てをする様々な動きも活発化している。

「慰安婦」にされた女性たちの日常を追った映画「ナヌムの家」を撮った南朝鮮のピョン・ヨンジュ監督（35）は「性暴力、性差別は過去の問題ではなく、ハルモニたちが、そして私たち自身が抱える今の問題であり、今の生き方や今の痛みこそが大事」だという認識を示す。そして「私にとってドキュメンタリーはイデオロギー。もっと自分のイデオロギーを大切にしろと、若い人に言いたい」と語った。政治や歴史に無関心で、自分のことしか考えない若者が増えている風潮への厳しい叱責であろう。

こうした受難の歴史に沈黙することは、支配し抑圧する歴史に荷担するのと同じ罪をもつ。すべての差別され、抵抗する人たちの側に立ち、彼らの歴史と記憶に共感し、寄り添うことが、次の世代の務めであろうと思う。

取材を通じて出会ったすべての人たちに心からの感謝を捧げます。また、通算五年間もこのシリーズの取材に支援を寄せてくれた朝鮮新報編集局と読者のみなさんに深い感謝の言葉を捧げます。また、同時代社の川上徹社長に大変お世話になりました。この場を借りてあつくお礼を申しあげます。

朴日粉

生涯現役——在日朝鮮人　愛と闘いの物語

2004年11月22日　初版第1刷発行

編　者　朴《PAK》日《IL》粉《BUN》　金《KIM》潤《YUN》順《SUN》
表紙デザイン　桑谷速人
制　作　ルート企画
発行者　川上　徹
発行所　同時代社
〒101-0065 東京都千代田区西神田2-7-6
電話03-3261-3149　FAX03-3261-3237
印　刷　中央精版印刷㈱

ISBN4-88683-539-2